PREFACIO POR JOSÉ VEGA

QUÉ HACER CUANDO NO SABEMOS QUÉ HACER

Carlos A. Vélez

QUÉ HACER CUANDO NO SABEMOS QUÉ HACER

CARLOS A. VÉLEZ

Copyright © 2020, Carlos A. Vélez.
Todos los derechos reservados.
Charlotte, North Carolina, E.E. U.U.

Impreso en Colombia

Agosto 2020

ISBN: 978-1-7328229-1-7

A menos que se indique lo contrario, las citas bíblicas marcadas son de las siguientes fuentes: Versión Biblia Nueva Versión Internacional (NVI) 3ra Edición ©Sociedades Bíblicas Unidas, 2005. Versión Reina-Valera © 1960 (RV1960) Sociedades Bíblicas en América Latina © renovado 1988 Sociedades Bíblicas Unidas. Versión Nueva Biblia de las Américas (NBLA), Copyright © 2005 por The Lockman Foundation. Versión La Biblia de las Américas® (LBLA) Copyright © 1986, 1995, 1997 por The Lockman Foundation. Versión La Palabra (BLPH) versión hispanoamericana Copyright © Sociedad Bíblica de España, 2010. Versión Nueva Traducción Viviente (NTV) Copyright 2008, 2009 Tyndale House Foundation. Usado con permiso de Tyndale House Publishers, Inc., Carol Stream, IL 60188, Estados Unidos de América. Versión Dios habla hoy (DHH)®, © Sociedades Bíblicas Unidas, 1966, 1970, 1979, 1983, 1996. Versión Reina-Valera 1995 Reina-Valera 95(RVR1995)®© Sociedades Bíblicas Unidas , 1995. Versión Traducción en Lenguaje Actual (TLA) Copyright © Sociedades Bíblicas Unidas, 2000. Versión Reina Valera Contemporánea (RVC) Copyright © 2009, 2011 by Sociedades Bíblicas Unidas. Versión Palabra de Dios para Todos (PDT) © 2005, 2008, 2012 Centro Mundial de Traducción de La Biblia © 2005, 2008, 2012 World Bible Translation Center. Todas son usadas con permisos.

Ninguna parte de esta publicación podrá ser reproducida, procesada en algún sistema que la pueda reproducir, o transmitida en alguna forma o por algún medio electrónico, mecánico, fotocopia, cinta magnetofónica y otro, excepto para breves citas en reseñas, sin el permiso previo por escrito del autor. Recuerde, copiar ilegalmente un libro no solamente es ilegal pero destruye su integridad.

Mentores: Dr. Abel Ledezma , Sr. José Vega

Edición y corrección de prueba: Rosse E. Vélez y Bettina Mercado

Diseño gráfico: Carmen Torres Santiago (787) 671 9081
catorres_@hotmail.com

Fotografías portada e interior:
Creative Commons CC0 Pixabay.com, freepik.es

Página Web: www.carlosavelez.com
Correo electrónico: info.oikosusa@gmail.com

Para coaching, asesoría e invitaciones:
logistics.oikosusa@gmail.com

Contenido

Dedicatoria 6
Prefacio................................... 7
Introducción........................... 11

1 Cuando no sabemos qué hacer..................... 17
2 Cuando no hay salida 27
3 Cuando nuestra búsqueda íntima define nuestra respuesta pública........ 37
4 Cuando obtenemos mas preguntando que contestando 47
5 Cuando Dios cumple sus promesas 63
6 Cuando lo que nos maldice nos bendice...................... 75
7 Cuando sabemos qué hacer............ 83

Bibliografía................................ 91

Dedicatoria

A mi hija Rosse Carisha

A ti que fuiste una excelente niña, una prudente adolescente y ahora eres una sabia mujer que busca honrar a Dios con su vida. A ti mi hija por dejarme ver el corazón perdonador de Jesús en ti. Por valorar a los demás y añadirles amor a sus vidas.

Te amo porque, entre muchas otras cosas, con tu carácter y ternura me has permitido ver qué hacer cuando no sé qué hacer.

Sobre todo, por ser ese suave toque de la mano de Dios, **esa caricia del Señor en mi vida.**

"Si escuchas y obedeces los mandamientos del Señor tu Dios que te estoy dando en este día, él hará que tú seas cabeza y no cola, y que estés siempre encima y nunca debajo"
Deuteronomio 28:13 NBV

Prefacio

"El Señor protege la vida de los íntegros y su herencia perdura para siempre. En tiempos difíciles serán prosperados en época de hambre tendrán abundancia" (Salmo 37:18-9 RVR 1960).

Durante estos últimos años Dios me ha dado la oportunidad de conocer y compartir profundamente con mi hermano y amigo Carlos Vélez. Antes de conocerlo lo había visto y escuchado predicando en mi iglesia, su carácter fuerte, su voz firme y su manera clara de desarrollar un mensaje, llamaron mi atención. No es hasta un año más tarde, el día de su cumpleaños, que tengo la bendición de poder regalarle una de mis obras, una pintura titulada: *Árbol Fuerte*. Ese día cuando se lo entregué, lo abracé y lloramos juntos. Me di cuenta de que ese árbol fuerte que yo había abrazado tenía unas raíces muy profundas de integridad, que su tronco estaba cubierto de fe y que sus ramas frágiles eran sujetadas por su razón de vida, Jesús de Nazaret.

Poco a poco, a medida que íbamos cultivando nuestra amistad, regada todos los días con mucha confianza, empezó a dar frutos. De esos frutos he aprendido mucho y pudiera escribir un libro, pero hoy sólo me toca el prólogo.

Todos en algún momento de nuestra vida nos hemos preguntado ¿qué hago? No hay edad que nos de la respuesta y mucho menos cuando no sabemos qué hacer.

Esa pregunta nunca viene sola, viene acompañada de miedo, inseguridad y de decisiones. ¿Voy a hacer lo correcto o lo incorrecto? Este libro de Carlos Vélez nos recuerda que la decisión no la tomamos nosotros, que sería injusto e inocente tratar de hacerlo por nosotros mismos. Carlos tiene más de un millón de millas viajando en aviones, pero eso no lo capacita para capitanear la nave, hace falta el piloto para hacer despegar el avión.

Con este libro pude conocer aún más el carácter fuerte y tierno de un gran hombre de Dios. Su compromiso firme, generoso y entrega total a un Dios que lo ama.

Este libro siempre estará muy cerca de mí, para ayudarme y recordarme lo débil que soy y que antes de tomar cualquier decisión en mi vida, por más sencilla o complicada que sea, no la tomé yo, sino que dejé que Dios ocupe mi lugar, para que la respuesta venga con Su aprobación.

Gracias Carlos por las largas noches compartidas con chocolate caliente y las galletas con queso y por ser mi mentor cuando no sé qué hacer.

Tu hermano y amigo, José Vega-Santana

José Vega-Santana es compositor, escritor, pintor, cantante, ganador de innumerables premios y reconocimientos, primer personaje infantil de la televisión en Puerto Rico y miembro de la Junta de Oikos USA.

Martha Amalia González-Erick
Mami, Tamaya Yaya
1941-2006

Introducción

La incertidumbre es una emoción poderosa. Tan fuerte y potente que puede paralizarnos y hasta motivarnos a regresar atrás. Nuestros viejos caminos se convierten en unos más atractivos, no por su belleza sino por el conocimiento que tenemos de ellos. La búsqueda de seguridad y alivio nos llevan en ocasiones a lugares donde no pueden ser hallados. Nuestra sed de paz y tranquilidad combinada con una dosis de incertidumbre nos encamina a lugares y comportamientos inhóspitos donde la lucha y la inquietud reinan.

Ahora bien, esa incertidumbre no es un reto causado por el ambiente o las circunstancias que nos rodean, no es un trabajo causado por lo externo, es un trabajo interno. Nuestra desolación y falta de esperanza no está directamente relacionada a nuestro nivel de dificultad percibido. Esta emoción es la consecuencia natural de nuestro entendimiento interior de quien Dios es. La realidad es que no vemos las cosas como son, sino como somos. Es en nuestra definición e identidad el terreno fértil para una fe fuerte o una incertidumbre poderosa. Quienes somos en Cristo y quienes creemos que somos en Él en muchas ocasiones son ideales totalmente distintos.

El espacio creado entre estos dos conceptos es donde la incertidumbre reina.

No saber qué hacer, lejos de ser la evidencia de nuestra ignorancia, es la invitación a una oportunidad. En un mundo donde el tener una respuesta tiene más valor que buscarla recurrimos constantemente a la autosuficiencia, las emociones y el relativismo para manejar las encrucijadas de la vida. Nuestras pasiones y no nuestras convicciones son la brújula para guiarnos. Cuando tenemos emoción sin experiencia es una pasión, pero cuando esas emociones tienen a su lado experiencias entonces se convierten en convicciones. El no saber qué hacer es una invitación oportuna a no desperdiciar nuestro dolor.

Lo que estoy a punto de compartirle en este libro es una de las experiencias más dolorosas de mi vida. No se la daré a conocer para que sienta pena de mi o crea que soy una víctima. Se la comparto porque he aprendido que las enseñanzas más profundas de mi vida y la vida de los que me rodean no han surgido de sus momentos más sencillos, sino de los más dolorosos y amargos. Son esos momentos lo que cambian las pasiones en convicciones. La clave reside en aprovechar el dolor para crecer y conocer a un Dios verdadero de una manera nueva, aún más real y tangible en nuestras vidas.

Ese conocimiento de Dios no es uno académico ni intelectual. Es el conocimiento que dan las lágrimas, el sufrimiento, el tocar fondo y el no saber qué hacer. Es allí cuando lo que verdaderamente somos sale a la luz, donde Dios puede encontrar las grietas de nuestra vida y llenarlas a tal punto que seamos completos y maduros. El Apóstol Santiago, entendiendo este proceso, comienza su carta estableciendo: *"Hermanos míos, ustedes deben tenerse por muy dichosos cuando se vean sometidos a pruebas de toda clase. Pues ya saben que cuando su fe es puesta a prueba, ustedes aprenden a soportar con fortaleza el sufrimiento. Pero procuren que esa fortaleza los lleve a la perfección, a la madurez plena, sin que les falte nada"* (Santiago 1:2-4 DHH).

Esa perfección y madurez plena no es el proceso del conocimiento absoluto de las reacciones necesarias para manejar las crisis de la vida sino todo lo contrario. Ese momento que nos damos cuenta cuan insuficiente, incapaces e impotente somos, no ante la situación, sino ante el tratar de solucionar lo que solo el Todopoderoso Dios permite y puede solucionar para Su gloria. Ser completo o maduro no es el resultado de un programa de autocrecimiento o desarrollo, sino la realización de que en el último análisis *"es Cristo en vosotros, esperanza de gloria"* (Colosenses 1:27 RVR 1995).

Quiero invitarle a conectarse conmigo. He aprendido que cuando deseo impresionar a alguien, le debo compartir mis éxitos y si deseo conectarme, le debo compartir mis fracasos. Eso es exactamente lo que deseo hacer. En momentos de crisis la incertidumbre es tridimensional: ni sabemos lo que debemos hacer, ni conocemos claramente lo que Dios hará y no tenemos una idea de a dónde llegaremos. Es ahí donde nuestras convicciones son necesarias y nuestra relación con Dios está lista para ser expandida e incrementada. ¿Por qué? *"Porque mis pensamientos no son vuestros pensamientos ni vuestros caminos mis caminos», dice Jehová. «Como son más altos los cielos que la tierra, así son mis caminos más altos que vuestros caminos y mis pensamientos, más que vuestros pensamientos"* (Isaías 55:8-9 RVR 1995).

Déjeme contarle un par de historias que reflejan como usted y yo, aún con todo el conocimiento que hemos podido adquirir y las experiencias que hemos atravesado, todavía nos encontramos en muchos momentos donde no sabemos que hacer.

Cuando no sabemos qué hacer

1

Era el verano del año 2006 cuando mi madre me llamó como acostumbraba todos los domingos. Ese día estaba profundamente emocional, se sentía sola, estaba un poco enferma y no tenía a nadie con quien hablar. Luego de escucharla por varios minutos comenzó a decirme lo mal que se sentía, como cada domingo por los últimos cinco años le dije: "Si deseas puedo irte a buscar y te mudas con nosotros". Su respuesta era siempre la misma. "Esta es mi casa y de aquí nadie me saca". Ese día no pude más, bajo la frustración y el dolor que sentía por ella le dije: "Madre, tienes la solución en tus manos. Déjame irte a buscar. Aquí te podemos atender, puedes sentirte mejor y no tienes que estar sola. Si no quieres la solución entonces te agradeceré que no me vuelvas a llamar". Ella se quedó callada y luego de unos segundos colgó. No puedo negarle que me sentí muy mal, pero creí que ella debía saber sus opciones y que estaba en sus manos el solucionarlo.

Pasaron un par de meses y no me llamaba. Nuestra relación no estaba en el lugar que deseaba, pero si la llamaba todo regresaría a ser como antes, a escuchar solo sus quejas sin soluciones. Un domingo recibí una llamada suya. Mi madre era muy fuerte de carácter y sabía que si me había llamado era porque algo ocurría. La saludé y le dije: "¿Pensaste en lo último que te dije?" me contestó: "Te llamo para decirte que si me vienes a buscar me voy con ustedes". No tiene idea de cómo me sentí, era como escalar el Monte Everest o tener una medalla de oro en las Olimpiadas. Era la primera vez en mi vida que le ganaba un argumento, además de que sabía que necesitaba mi ayuda y mi deseo era honrarla.

Soy el hijo de una madre soltera, mis padres se divorciaron cuando era muy pequeño. Toda mi vida vi a mi madre trabajar fuertemente, luchar por todo y no creo que alguna vez la haya visto completamente feliz durante mi vida. En ocasiones sonreía como al que le falta entendimiento de lo que verdaderamente implica sonreír. Su mirada vacía, su constante lucha y argumento, su incansable desempeño en su empleo y en la casa. Desde muy temprano me convertí en su asistente para apoyarla con mis hermanas y ayudarle en la casa. El poder honrarla en esta etapa de mi vida era un privilegio, un honor y un deber.

Fue en septiembre esa llamada cuando aceptó mudarse con nosotros. Rápidamente viajé donde ella residía y cuando llegué todo estaba empacado. Pareciera que todo estaba listo desde antes de ella haberme llamado. Cuando la vi tenía una mezcla de ese amor que uno tiene por aquellos que han entregado todo por uno, con un profundo sentido de preocupación. De una madre con una voz muy fuerte y autoritaria, ahora casi no hablaba.

Su silencio era una mezcla de cansancio de muchos años y el darse por vencida en la vida. Ya no podía luchar más. Que bendición la mía que en los muchos años que le quedaban por delante podría honrarla y darle una vida mejor que la que ella había tenido.

Dos días más tarde de mi llegada a recogerla nos despedimos de todos y volamos de regreso a mi hogar en Atlanta. Llegamos un viernes en la tarde, mi familia estaba esperando en el aeropuerto con pancartas de bienvenida, flores y los brazos abiertos para recibir a "Yaya" (el apodo de mis hijas para su abuela).

Pensé que su caminar lento era por el cansancio del viaje. Llegamos a la casa y la acomodé en la habitación que tendría. Era viernes, así que cenamos juntos con toda la familia, hicimos historias de como estuvo la semana y comenzamos a hacer planes de todos los lugares que llevaríamos a mi madre para que conociera su nuevo hogar. El sábado en la mañana la llevé a la peluquería para que le arreglaran su pelo y sus uñas. Quería honrar a mi madre y tenerla siempre hermosa. Creo que la última vez que la había visto así fue el día de mi boda 14 años antes. Le compré alguna ropa ya que solo había traído una maleta pequeña.

El día siguiente fuimos a la iglesia, mi madre no era creyente, pero respetaba profundamente lo que hacía como pastor. Cantó con nosotros, escuchó el sermón y compartió con algunas hermanas de la iglesia que le dieron la bienvenida. Esa noche me dijo que se acostaría temprano porque había sido un fin de semana muy activo. Se fue a su habitación y nosotros hablamos un rato con nuestras hijas y nos acostamos también.

Mi madre siempre fue una madrugadora, pero esa mañana del lunes algo era distinto. Pasaron las 6:00 am, las 7:00 am, pero no se levantaba. Toqué a la puerta de su habitación, pero no había respuesta. A las 8:00 am no pude más y entré a la habitación. Allí estaba, con sus ojos cerrados, cuando la toqué para despertarla no respondía. Pensé que había sufrido un derrame cerebral o algo y la cargué para llevarla inmediatamente al hospital. Era como una fantasía, como que no era real, solo 48 horas en nuestro hogar y ya algo estaba pasando con ella. No podía creerlo.

Luego de varios días de exámenes en el hospital el doctor quiso hablar conmigo para darme la noticia. Le habían descubierto a mi madre, cuatro tumores cancerosos en su cerebro. El diagnóstico era terminal y solo tenía tres meses de vida. Esa noticia me devastó profundamente. ¿Cómo era posible que la mujer que deseaba honrar y celebrar estuviera a punto de fallecer? ¿Qué pasó, Dios?

Esa misma semana comenzamos a trabajar con algún tipo de tratamiento y buscar ayudas. Una de esas ayudas era solicitar los beneficios del Seguro Social. Inmediatamente fui a las oficinas de nuestra ciudad y llené la solicitud para pacientes terminales. Allí me dijeron que con su diagnóstico tendrían una respuesta en pocos días. Me fui pensando qué podría hacer para honrar a mi madre en los días que nos quedaban ante esta inesperada noticia.

Pasó una semana, luego otra, luego otra, pasaron cinco semanas y no escuchaba absolutamente nada de la oficina del Seguro Social. Mi madre empeoraba cada día más. Su tratamiento le provocó la pérdida de su cabello. Casi no podía hablar, no podía mover sus extremidades, la estaba perdiendo. Llamaba diariamente, pero nadie podía darme una respuesta, las deudas por gastos médicos seguían aumentando y la desesperación comenzó a invadir mi mente y mi corazón.

Un día me presenté a las oficinas del Seguro Social, conocía a la directora de la oficina así que pedí hablar con ella. Cuando me vio me dijo: "Pase a mi oficina Pastor". Me preguntó cómo podía servirme y le expliqué la situación y acerca del retraso de la aprobación de los beneficios para mi madre. Ella salió de la oficina a buscar el expediente y tardó como 30 minutos en regresar. En ese tiempo pensé tantas cosas; que no lo aprobarían, que no podríamos pagar sus gastos médicos, que tal vez nos llevaría a la bancarrota, que mi madre luego de haber trabajado tanto, cuando más necesitaba sus beneficios, no los tendría. Fueron los 30 minutos más largos y angustiantes de mi vida.

Al regresar la directora a su oficina me miró y me dijo: "Perdone el retraso Pastor. El caso ha sido aprobado; es que cuando un caso es reabierto toma un poco más de tiempo". Aliviado por la aprobación de los beneficios y agradecido por su intervención, cuando le extendí la mano para despedirme un pensamiento vino a mi cabeza: "¿Qué es eso de reabrir un caso?" Le pregunté y le dije: "Yo vine hace cinco semanas aquí a solicitar estos beneficios por primera vez, ¿cómo que reabrir un caso?"

Ella me miró a los ojos y me dijo: "No Pastor, hace dos años su mamá solicitó este beneficio reclamando que tenía cuatro tumores cancerosos en su cerebro, pero por falta de seguimiento se había cerrado el caso".

Recuerdo haber caminado a mi auto y tomar la llave para abrir la puerta cuando de momento comencé a temblar y me desplomé al suelo. Comencé a llorar y gritar como nunca lo he hecho en mi vida. Era como si me hubieran arrancado el alma. ¿Cómo era posible que la mujer que tanto amaba, quien me había dado la vida, la que quería honrar, me hubiese escondido por tanto tiempo que estaba muriendo de cáncer? Por casi una hora estuve en aquel estacionamiento de rodillas llorando y preguntándome ¿qué voy a hacer?

Hay momentos que no sabemos qué hacer, que son tan profundamente dolorosos, inesperados, sorpresivos, que no solo nos sorprenden por lo que ocurre sino por lo que descubrimos de nosotros mismos. Ese sentido de impotencia, ese desmembramiento emocional, esa turba de ideas que invade nuestra alma. No sé si ha tenido un momento como ese, pero el no saber qué hacer es más común y abarcador de lo que cualquiera puede imaginar.

Cuando nos dicen que es una enfermedad terminal, cuando perdemos el empleo, cuando una mentira de mucho tiempo es revelada, cuando las cosas no salen de la manera planificada. El no saber qué hacer no necesita ser común para ser latente y no solamente marca el momento, nos marca. La parálisis, la frustración y el desasosiego reinan en nuestra mente y corazón cuando nos damos cuenta que no hay forma de prepararse para cosas como esas.

En el Antiguo Testamento hay un rey, Josafat, que pasó por un momento como este donde no había respuesta a su situación. Ante el ataque sorpresivo e inminente de enemigos por todos lados Josafat exclamó a Dios diciendo: *"¡Oh Dios nuestro! ¿no los juzgarás tú? Porque en nosotros no hay fuerza contra tan grande multitud que viene contra nosotros; **no sabemos qué hacer**"* (2 Crónicas 20:12 RVR 1960). No saber que hacer no solo demuestra nuestra humanidad finita, sino también nuestra profunda necesidad de un Dios infinito en medio de circunstancias que parecieran ser intolerables. Yo me desplomé en el suelo de aquel estacionamiento, Josafat clamó, ¿y usted? ¿Qué debemos hacer cuando no sabemos qué hacer?

Cuando no hay salida

2

Los títulos nunca nos eximen de las crisis, por el contrario, nos convierte en blancos más grandes de ella. Josafat era el rey de Judá y su reino había sido uno de relativa calma. A pesar de que el reinado de Judá e Israel estaba fragmentado, su liderazgo lo había puesto en una posición de gracia ante ambos pueblos. Pareciera ser que había llegado la hora de que Josafat recibiera la recompensa por el trabajo de reforma general del reino, buena administración y apoyo a la fe de sus súbditos. Era el momento perfecto para que Dios mostrara gracia sobre su liderazgo.

El libro de Segunda de Crónicas, en el capítulo 20, nos relata algo totalmente diferente e inesperado. *"Pasadas estas cosas, aconteció que los hijos de Moab y de Amón, y con ellos otros de los amonitas, vinieron contra Josafat a la guerra. Y acudieron algunos y dieron aviso a Josafat, diciendo: Contra ti viene una gran multitud del otro lado del mar, y de Siria; y he aquí están en Hazezontamar, que es En-gadi"* (20:1-3 RVR 1960). Varias naciones se confederaron para atacar directamente a Josafat y su reino. El propósito no era lastimar, herir o robar, era la aniquilación total. No solo venían con ese propósito, pero no importaba hacia donde mirara Josafat, alguien venía contra él. Pareciera que no había escapatoria y que luego de todo el esfuerzo y trabajo de tantos años este era el fin.

¿Cuántas veces nos hemos encontrado en la situación de Josafat? Ese momento que no importa hacia donde miremos, si al norte, al sur, al este o al oeste, alguien viene en contra de nosotros. Yo no estoy hablando de las personas que se sienten víctimas de las circunstancias, yo hablo de cuando hay un ataque frontal, inminente y del cual pareciera no haber escapatoria. Un momento donde nuestras destrezas, nuestros talentos, nuestros sentimientos y pensamientos nos hacen concluir una sola cosa: seremos destruidos. No sé si usted ha estado en ese lugar obscuro, pero yo he estado ahí. En momentos donde pienso que todo lo que se ha construido por años está a punto de desvanecerse y volverse polvo. Cuando sin solicitarlo o causarlo se agrupan contra uno y la desesperanza reina, el sentido de impotencia toma el trono de nuestro corazón y el desfallecer parece ser inevitable.

"Mi enemigo me ha perseguido con saña; ha puesto mi vida por los suelos. Me hace vivir en tinieblas, como los muertos. Mi espíritu está totalmente deprimido; tengo el corazón totalmente deshecho" (Salmo 143:3-4 RVC). Cuando en nuestra mente y corazón la amenaza es tan agresiva y desgarradora que pareciera que hemos perdido la batalla antes de comenzar a pelearla. Pensamos en la improbabilidad de las opciones, en lo que pudimos haber hecho para prepararnos para lo imprevisto, y comenzamos un sinnúmero de ejercicios efímeros que

nos llevan gradualmente a la resignación, la amargura y una nueva dimensión del dolor.

Más de una vez en mi vida me he encontrado en esa situación. Momentos en que, gracias a mis fracasos o éxitos como líder, me he tenido que enfrentar a una destrucción inminente de todo lo que Dios me permitió construir y desarrollar, desde organizaciones hasta mi carácter. Tener que navegar a través de una profunda introspección de cada respirar, cada palabra, cada sentimiento y pensamiento y darme cuenta de que no importa si he sido responsable de eso o no, el fin se acerca. El llegar a ese lugar en la vida no es una ruta voluntaria.

Requiere la inconveniencia de verse amenazado, acorralado y reconociendo nuestra absoluta insuficiencia. Es allí donde sabemos lo que verdaderamente somos y poseemos.

Las crisis nunca forman nuestro carácter, lo revelan. Cuando una naranja es exprimida sale jugo de naranja, no de cereza, piña o mango sino de naranja. Cuando las crisis vienen a nuestra vida podemos ver de qué estamos hechos, nuestra fragilidad, nuestro verdadero carácter, lo que está adentro. En muchos momentos como estos, la verdadera crisis no es lo que viene hacia nosotros sino lo que sale de nosotros. Una característica esencial de la crisis es que nunca viene sola, siempre viene acompañada mientras muestra la localización de otras como ella.

El hombre y la mujer que buscan minimizar o no enfrentar este momento descubrirán que han desperdiciado uno de los momentos más importantes de sus vidas.

El reto no es evitar el dolor, sobrepasar el dolor o ni siquiera vencer el dolor; el reto consiste en que en ese momento de aparente destrucción y desasosiego podamos entender qué aprendemos del dolor. Que el dolor es el mejor maestro, porque mientras la educación nos reta de afuera hacia adentro, el dolor nos transforma de adentro hacia afuera. La educación se ejercita cuando las experiencias de otros son compartidas con nosotros, pero la verdadera formación ocurre cuando el dolor forma nuestras propias experiencias. No desperdicie su dolor, escúcheme bien, no lo desperdicie. En el momento de crisis, créame, el dolor es su mejor aliado.

El dolor implica que le importa, que entiende que algo no está bien, que valora lo que está a punto de perder, hay una apertura para la evaluación y la introspección. Porque el dolor llevó a Abraham a ser amigo de Dios, llevó a José al palacio del faraón, llevó a Elías al silbo apacible, llevó a Ester a hablar con el rey, llevó a Juan a menguar, llevó a Pedro a Pentecostés, llevó a Esteban a ver el Trono de Dios, llevó a Saulo a descubrir a Pablo y llevó a Jesús desde el camino de la cruz a la diestra de Dios Padre. Ese es el poder del dolor, la riqueza del dolor, el dolor del dolor. Inadvertidamente caemos y descubrimos en ese pozo profundo y oscuro la riqueza de quienes somos y quien es Dios. El dolor es la incógnita de los siglos al ser la sensación que más despreciamos y la más provecho que le podemos sacar. Un profundo dolor mal manejado puede marcarnos, herirnos y hasta destruirnos. Pero un dolor bien manejado puede ser el principio de nuestra verdadera libertad.

Josafat se encontraba en una peligrosa coyuntura en su vida. El mensaje traído a su atención estaba lleno de desesperanza, destrucción y dolor. Pareciera que todos estaban en contra suya y no habría escapatoria. Fue allí donde Josafat descubrió la consecuencia natural de cada momento de crisis: El miedo. *"Y Josafat tuvo miedo"* (2 Crónicas 20:3a LBLA). El miedo desenfrenado se multiplica. El miedo es esa sensación desequilibrada de pérdida de seguridad y de amor. *"En el amor no hay temor, sino que el perfecto amor echa fuera el temor..."* (1 Juan 4:18 RVC). Podemos observar que "la base del miedo estriba en creer que no somos aceptables a menos que continuamente demos el grado" comenta el Dr. Mario E. Rivera Méndez. Continúa diciendo: "Dios anhela que sepamos que Él desea que demos el grado, pero que si alguna vez no lo damos Él nos seguirá amando".

Descubrimos el miedo por primera vez en la Biblia en Génesis 3:10 cuando establece: *"Escuché que andabas por el jardín y tuve miedo, porque estoy desnudo; por eso me escondí"*. En este verso vemos la consecuencia lógica del miedo, el temor a ser descubiertos, a tener que enfrentarse consigo mismo y con los demás en medio de la crisis. El miedo nunca viene solo, viene acompañado de la duda, la culpa, la ira y el desánimo. Todos ellos como un equipo de lucha, tienen el poder para derrotarnos antes de que la batalla comience. Josafat estaba experimentando eso, y creo que nosotros también.

Por esa razón debemos velar donde se enfoca nuestra mirada en momentos de crisis.

Que la voluntad de Dios se cumpla es lo más importante. Durante la crisis pre-crucifixión, Jesús levantó su voz exclamando: *"Padre, si quieres, líbrame de este trago amargo; pero que no se haga mi voluntad, sino la tuya"* (Lucas 22:42 DHH). La mayoría de las veces nos enfocamos en la frase "no se haga mi voluntad" para determinar el compromiso de Jesús con el plan perfecto del Padre para la redención del mundo. Pero observe conmigo la primera parte de este verso, "Padre, si quieres". Jesús sabía que su deseo estaba sometido al cumplimiento de la voluntad de Su Padre. Ya sea que se hiciera la voluntad de Jesús en ese momento o el plan original de Su Padre, la prerrogativa era lo que el Padre quisiese.

El miedo que tanto Josafat como usted y yo hemos experimentado es real. Los momentos de persecución y amenaza son reales. Los sentimientos de temor, dolor e impotencia no son fantasiosos, son tangibles y hasta físicamente amenazantes. Pareciera ser que NO HAY SALIDA. Es allí cuando Dios nos lleva a ese rincón, donde la luz del sol no llega y la esperanza parece desaparecer que aprendemos algo nuevo, algo que nunca habíamos visto antes. Al descubrirlo nos damos cuenta de que era la única forma de conocerlo porque solo ese dolor nos pudo revelar, que el fondo del barril no es el fondo, es la plataforma en a que Dios se levanta para mostrar quién verdaderamente es. Que Él no tiene la salida, Él es la salida. *"Aunque un ejército acampe contra mí, No temerá mi corazón; Aunque contra mí se levante guerra, Yo estaré confiado"* (Salmo 27:3 RVR 1960).

Josafat tuvo miedo, usted y yo hemos tenido miedo. Ese miedo nos ha llevado en más de una vez a un lugar tan oscuro que no podemos vernos ni a nosotros mismos. Es allí donde no vemos nada, que tenemos la suficiente necesidad, la suficiente fragilidad, la suficiente impotencia, el suficiente dolor, el suficiente temor y la suficiente insuficiencia para conocerle a Él, como nunca antes y ver Su Gloria. *"Pero todo esto, que antes valía mucho para mí, ahora, a causa de Cristo, lo tengo por algo sin valor. Aún más, a nada le concedo valor si lo comparo con el bien supremo de conocer a Cristo Jesús, mi Señor. Por causa de Cristo lo he perdido todo, y todo lo considero basura a cambio de ganarlo a él y encontrarme unido a él; no con una justicia propia, adquirida por medio de la ley, sino con la justicia que se adquiere por la fe en Cristo, la que da Dios con base en la fe. Lo que quiero es conocer a Cristo, sentir en mí el poder de su resurrección y la solidaridad en sus sufrimientos; **haciéndome semejante a él en su muerte**"* (Filipenses 3:7-10 RVR 1960).

Aún recuerdo con dolor el momento cuando en aquel suelo lloraba incesantemente por el dolor de esa noticia sobre mi madre y por mi incapacidad de encontrar una justificación a lo que había sucedido, a lo traicionado que me sentía, al abandono que experimentaba.

Pero ser semejante a Él no puede ser solo un ejercicio deseado mientras Él esté sentado a la diestra del Padre, tiene que serlo también en la oscuridad de la cruz.

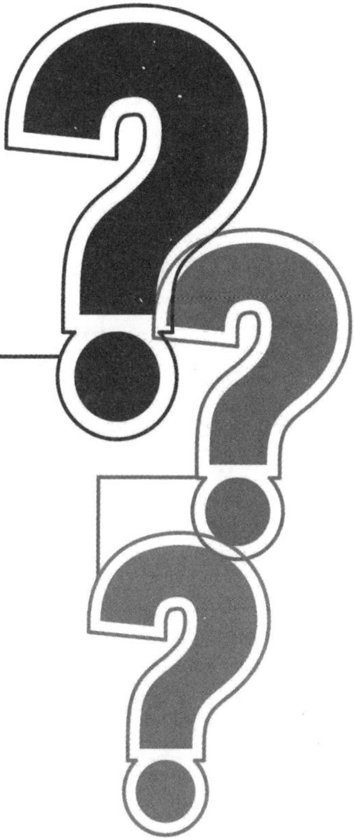

Cuando nuestra búsqueda íntima define nuestra respuesta pública

3

Cuando me levanté del suelo aquel día y finalmente entré al auto me dirigí al hospital donde se encontraba mi madre. Tenía tantas preguntas, estaba tan frustrado, nunca me había sentido así en mi vida. Mientras me estacionaba en el hospital enumeré todas las preguntas que quería hacerle a mi madre. Hasta por un momento pensé llamar a alguna de mis hermanas y pedirles que se hicieran cargo de ella. Mi corazón estaba completamente destrozado y no podía entender cómo no me había dicho sobre su diagnóstico y por qué no me dejó ayudarla.

Al llegar a la puerta de su habitación una enfermera terminaba de verificar como se encontraba, entonces respiré profundo, abrí la puerta y allí me quedé mirándola desde la entrada. Cuando crucé el marco de esa puerta algo misterioso ocurrió, algo que jamás podré olvidar. Fue como si en ese marco de la puerta se hubiese quedado todo dolor, todo sentido de traición, toda angustia, toda frustración. Recuerdo haberla mirado tan frágil, tan vulnerable, tan sola. No era aquella mujer fuerte que me crió y se desvivió sosteniendo tres empleos para que pudiésemos salir adelante. Era una persona totalmente distinta. Allí vi su dolor, y no el mío, vi su fragilidad y no la mía, vi su frustración y no la que hasta un momento atrás sentía. Veía como su vida se disipaba mientras recordaba como ella había trabajado la mayor parte de esa vida para fortalecer la mía.

Algo ocurrió cuando crucé el marco de aquella puerta. De las decenas de preguntas y reclamos que tenía enumerados para hacerle, solo una pregunta vino a mi mente... "Mamá, ¿no crees que es tiempo de aceptar a Jesús como tu Señor y Salvador?" Al escuchar mis propias palabras mis ojos se abrían gigantescamente pues estaba sorprendido. Pero muy pronto descubrí porqué fue esa mi respuesta. A nosotros no nos definen las circunstancias, nos define nuestra vida íntima con Dios. La presencia o la ausencia de esa vida íntima determina nuestras respuestas intencionales e involuntarias.

Josafat no era diferente, realmente nadie es distinto. Ante la amenaza de varios pueblos enemigos que venían al ataque para destruirlo a él y a su pueblo, él tuvo temor, el mismo temor que usted y yo experimentamos en momentos de crisis e incertidumbre. Pero la reacción de Josafat no fue huir, no fue escapar, no fue llorar ni maldecir, no fue preguntar por qué y ni siquiera establecer como él era una víctima de las circunstancias. *"Y Josafat tuvo miedo y se dispuso a buscar al Señor, y proclamó ayuno en todo Judá. Y se reunió Judá para buscar ayuda del Señor; aun de todas las ciudades de Judá vinieron para buscar al Señor"* (2 Crónicas 20:3-4 LBLA).

Su reacción fue disponerse a buscar al Señor. Josafat ante su insuficiencia sabía de Su omnipotencia, ante su frustración conocía de Su comprensión, ante su debilidad estaba seguro de Su fortaleza y sabía que su sentido de pérdida era indicativo de que *"Este es el momento oportuno para buscar al Señor. Ahora que está cerca es cuando deben llamarlo"* (Isaías 55:6 NBV). Josafat había caminado con Dios antes y durante su liderazgo sobre Judá. Josafat entendía que su pueblo, no era llamado el Pueblo de Dios porque tenían a Dios, sino porque Dios los tenía a ellos.

Como el liderazgo es un ejercicio visual y no auditivo, la actitud del Rey Josafat se hizo contagiosa. Ya fuera por decreto, por terror o por realización el pueblo de Judá decidió acercarse, unirse a buscar al Señor. Se decretó un ayuno, tiempo de oración y conexión con Dios. Se buscaba dirección y aliento, salida y libertad; en el único lugar donde podría ser hallada, en Dios. Nuestra respuesta antes las crisis refleja nuestra intimidad con el Señor. El Dr. Luis Palau dice: "El Secreto está en el Lugar Secreto". Es que lo entregado y obtenido en el tiempo de intimidad con Dios nos lleva a buscar más intimidad con Él.

Dios nunca permite momentos difíciles en nuestra vida para ponernos en lugares donde la frustración y la desolación reinen. Lo hace para fortalecer nuestra fe, para que nuestra comunión con Él crezca y para que le veamos obrar de una manera distinta a tal grado que le conozcamos más y más a Él. En ese proceso, al igual que Josafat, no solo buscamos lo que Dios puede hacer, sino también cómo Dios nos define. Ralph Waldo Emerson escribió un hermoso poema que resume esta gran verdad:

"Oh, cuando estoy seguro en mi casa en el bosque,
camino con el orgullo de Grecia y Roma;
cuando me ejercito debajo de los pinos,
en donde la estrella vespertina brilla tan santa,
me río de la alcurnia y orgullo del hombre
en escuelas de sofistas y del clan estudiado;
porque, ¿qué son todos ellos, en tan alta arrogancia,
cuando el hombre en la zarza con Dios puede encontrarse?"

En la zarza ardiente, donde Moisés escuchó a Dios, se encontró a sí mismo. Algo maravilloso ocurre cuando tenemos intimidad con el Señor, las circunstancias de la vida se tornan en oportunidades para buscar más en esa fuente inagotable de Su presencia. Allí no solo hallamos lo que pensamos que necesitamos sino también lo que verdaderamente necesitamos. Un viejo pastor campesino dijo una vez: "Cuando el Señor nos envía tribulación, Él espera que tribulemos". Es que ese momento de incertidumbre es la semilla que echada en el terreno fértil de la intimidad con Dios hace crecer un árbol fuerte de comunión, dependencia e identidad en la vida de cada creyente.

Josafat comprendía ese principio y en el momento de mayor temor y desesperación, su respuesta fue buscar a Dios. Era como si este rey del Antiguo Testamento conociera las palabras del Apóstol Pedro cuando señaló: *"Señor, ¿a dónde iríamos? Tú tienes palabras que dan vida eterna"* (Juan 6:68 PDT). La verdad es que no son solo Sus palabras porque aún el silencio de Dios produce vida. El todopoderoso carácter de Dios nos habla aún en Su silencio. El silencio que nos obliga a buscarlo aún más, el silencio que nos obliga a esperar, el silencio que nos permite calmar nuestras voces interiores y enfocarnos en escucharlo a Él, ese silencio también produce vida.

Cuando Josafat decidió "buscar a Jehová" lo primero que hizo fue proclamar un ayuno. Curiosamente en nuestros días eso se ha limitado a una campaña de 21 días en el mes de enero de cada año, pero es un ejercicio en peligro de extinción en la vida y disciplinas espirituales del creyente. ¿Por qué el rechazo a tan importante y clara disciplina espiritual para el creyente? Richard Foster, autor del libro *Celebración de la Disciplina* (Celebration of Discipline) explica: "Hay dos cosas. En primer lugar, el ayuno consiguió mala reputación como resultado de las excesivas prácticas ascéticas de la Edad Media. La tendencia a evaluar la fe cristiana por lo externo y no lo interno. Hay una segunda razón por la cual el ayuno pasó por épocas difíciles el siglo pasado. Hoy, la constante propaganda sobre la alimentación, nos ha convencido de que si no cumplimos con las comidas y bebidas del día, podemos estar al borde de morir de hambre".

En momentos significativos en la vida de creyentes durante las descripciones bíblicas, la disciplina del ayuno está involucrado de alguna forma. Esa disciplina espiritual del ayuno, la abstención de alimentos con propósitos espirituales, se distingue de una huelga de hambre, un castigo o una dieta cuyo enfoque es el crecimiento de la percepción y la intimidad con Dios. Ya sea de manera completa o parcial, el ayuno es una expresión de una vida que anhela escuchar, obedecer e intimar con un Dios que es su verdadero sustento. Ya que el ayuno nos ayuda a entender el equilibrio de la vida, su práctica lejos de ser de carácter legalista, es una acción indispensable para abrir nuestra mente y espíritu a una mejor comprensión de quien reina en nuestra vida y corazones. Ayunamos, no porque tenemos la obligación de hacerlo, sino porque tenemos la necesidad de hacerlo.

Buscar a Dios y cómo lo buscamos es evidencia de nuestra posición de fortaleza o debilidad en referencia a nuestra relación con Él. En lo que nos enfocamos, se fortalece. Pero también, en lo que no nos enfocamos, se reduce en nuestras vidas. Hay momentos que no sabemos qué hacer y refugiarnos en Dios como sabemos hacerlo nos llevará a nuevos lugares de cómo hacerlo. En el último análisis, en ese proceso conoceremos mejor a nuestro Dios. Recuerde, no hay nada en nosotros que deba ser conocido por Dios, ya Él lo conoce todo. En este proceso de intimidad con el Señor, el proceso de descubrimiento es nuestro, quien es Él y por ende quiénes somos nosotros verdaderamente.

Josafat descubrió en ese proceso cómo siendo tan pequeño podía venir confiadamente al trono grande y poderoso del Dios del universo. Esa aparente contradicción del encuentro de nuestra pequeñez con Su grandeza es el misterio de la intimidad con Dios. Cuando pensamos lo minúsculos que somos en comparación con la majestuosidad de Dios, nuestra tendencia natural es pensar que no debemos acercarnos ni buscarle porque somos demasiado insignificantes para quien es Él. Pero es en ese mismo punto donde reside Su gracia y amor, en que, siendo tan aparentemente insignificantes en comparación con Dios, significamos todo para Él. En ese proceso Su anhelo es desarrollar una relación íntima profunda y consistente para con nosotros, que, al llegar los momentos difíciles de la vida, ya tengamos la costumbre, el hábito y la disciplina de correr a Él sabiendo que estamos seguros en sus brazos.

Nuestra respuesta ante la crisis demuestra nuestro nivel de integridad. Si deseas que tus respuestas sean distintas, acércate a Jesús. Él es el Dios de las circunstancias, de los procesos y los resultados. Su Misericordia no solo reside en nuestra necesidad de perdón, sino también en su carácter de amor. Amar no es algo que Dios hace, es lo que Él es. ¡Búscale!

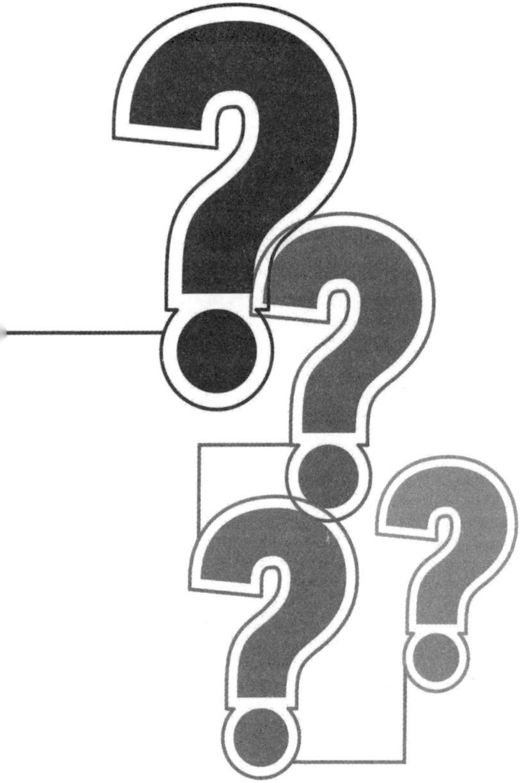

Cuando obtenemos mas preguntando que contestando 4

Durante los primeros años de mi liderazgo tenía la idea equivocada de que un líder debía tener todas las respuestas. Fue un doloroso proceso de desarrollo y aprendizaje el comprender que las personas no necesitan un líder que tenga todas las respuestas sino uno que sea íntegro. Cuando uno conoce la respuesta puede y debe ofrecerla y cuando no la conoce, lo reconoce e identifica esto como una oportunidad de aprendizaje y crecimiento. Una de las lecciones más significativas de ese proceso fue el darme cuenta que puedo obtener y aprender más haciendo preguntas que ofreciendo respuestas.

Ahora bien, ¿por qué hacer preguntas es tan valioso? El Dr. John Maxwell contesta esa pregunta estableciendo ocho razones. Estas son:

1. *Usted solo obtendrá respuestas a las preguntas que realiza.*
2. *Preguntar abre puertas que de otra manera permanecerían cerradas.*
3. *Preguntar es la manera más efectiva de conectarse con las personas.*

4. Preguntar cultiva nuestra humildad.
5. Preguntar le ayuda a relacionarse con otros en una conversación.
6. Preguntar le permite desarrollar mejores ideas.
7. Preguntar nos provee diferentes perspectivas.
8. Preguntar reta nuestros paradigmas.

Hay otras razones de porqué hacer preguntas ha cambiado mi vida. He descubierto que cuando doy respuestas no aprendo nada, pero cuando pregunto sí aprendo y mi entendimiento de quienes son los demás y sus potenciales aportaciones a las situaciones incrementan y me hace valorar aún más sus vidas. Cuando daba respuestas tenía que asumir muchas veces lo que otros deseaban para hacerme entender. Al hacer preguntas, busco entender a los demás y eso me facilita el poder conectarme con otros. Si usted comparte conmigo por más de 10 minutos sabrá que hacer preguntas es parte de mi estilo de vida y de comunicarme con todos. Un líder que aprende a preguntar y a escuchar tiene más del 50% de su liderazgo asegurado.

Un elemento importantísimo de las preguntas es que no todas ellas son iguales. Hay preguntas que revelan nuestra ignorancia, otras revelan nuestros motivos y otras hasta nuestra condición. Por ende, cuando hacemos preguntas no solo buscamos respuestas, sino que mostramos algo de nosotros mismos. En ocasiones nuestras preguntas reflejan en donde está centralizada nuestra vida, si en nosotros o en los demás. Las preguntas que hacemos no solo hablan de lo que no conocemos sino de lo que verdaderamente somos.

Josafat era un líder entendido, el que se encontrara en una situación tan difícil no disminuía su capacidad para liderar correctamente. En el momento de temor y de búsqueda, su modelaje provocó en el pueblo el imitar sus acciones y decisiones. *"Entonces Josafat se puso en pie en la asamblea de Judá y de Jerusalén, en la casa del Señor, delante del atrio nuevo, y dijo: Oh Señor, Dios de nuestros padres..."* (2 Crónicas 20: 5-6a LBLA). Josafat decide reunir a toda la nación creando la expectativa de que le dará un mensaje de esperanza a todo el pueblo. Lo hizo, pero de la manera más inesperada. Cuando los líderes reúnen a sus seguidores, siempre la expectativa es que darán un discurso de esperanza y de cómo sus habilidades y recursos en combinación con el esfuerzo y compromiso de los seguidores solucionarán la crisis o el conflicto. En vez, al estar todo el pueblo reunido Josafat se dirigió a Dios reconociéndolo como el Señor de sus vidas no solo en ese momento, sino también el Señor de las generaciones que les precedieron. En otras palabras, cuando Josafat no sabía qué hacer decidió hablar con Dios, orar, tener un tiempo público de intimidad con Dios.

¡Cuánto nos bendeciría ver que, en vez de la arrogancia, prepotencia y oportunismo político de nuestros gobernantes en tiempos de crisis, se tornaran al Señor y le reconocieran como el Dios del Universo y Señor de todo lo creado! Ciertamente todo el modernismo y avances tecnológicos que disfrutamos hoy no nos han ayudado a avanzar en la transparencia y honestidad de aquellos que seleccionamos para dirigir nuestros destinos nacionales y mucho menos en nuestra dependencia en Aquel que puede hacer algo para sanar nuestras tierras.

Josafat se levantó en medio de su desesperación y miedo ante el inminente ataque del enemigo y en vez de declarar un discurso al pueblo, se humilló ante su Dios y clamó a Él en oración. En ese clamor, Josafat le hace tres preguntas a Dios que nos muestran qué podemos hacer cuando no sabemos qué hacer. No solo lo que hacemos, sino también lo que decimos hace un impacto en nuestra respuesta a las crisis. Josafat supo eso y de manera clara, intencional y mostrando su realidad y la de su liderazgo, le lanzó estas tres preguntas a Dios.

Ahora bien, un examen más profundo del tipo de pregunta que Josafat hace en esta oración nos lleva a entender que las preguntas realizadas son las que conocemos como preguntas retóricas. Josafat conoce la respuesta a estas preguntas, pero las hace como testimonio del carácter y la permanencia de Dios en medio de las crisis y los tiempos. Cuando hacemos preguntas a Dios es porque deseamos conocerlo más o porque conocemos su carácter. Cuando preguntamos a Dios es para nuestro beneficio. Pero cuando Dios es quien nos pregunta, Su pregunta no es el resultado de Su desconocimiento o incertidumbre, cuando Dios nos pregunta es también para nuestro beneficio. Algo desea Él que tomemos en consideración, que estemos alerta en el momento del cuestionamiento, que tomemos una decisión o actuemos sobre la información recibida.

La primera de esas preguntas de Josafat a Dios en su oración establece: *"¿no eres tú Dios en los cielos? ¿Y no gobiernas tú sobre todos los reinos de las naciones? En tu mano hay poder y fortaleza y no hay quien pueda resistirte"* (2 Crónicas 20:6b LBLA). Esta es una pregunta de identidad. Lo que Josafat está estableciendo con esta pregunta es decirle al Señor: ¡YO SE QUIEN TU ERES! Tú eres el que está sobre todo y sobre todos. Tú eres el que reinas y gobiernas sobre cualquier persona, pueblo, nación, continente y el universo. Tú tienes toda autoridad, todo poder, todo dominio, todo control, toda fortaleza, toda sabiduría, Tú tienes todo y lo eres TODO. Al estar sobre todo y tener todo nada se compara a ti. Es fácil para mí reconocerte en medio de las circunstancias de la vida porque nada es similar a Ti, nada es parecido a Ti, nada es confundido contigo porque estás, sobre todo, gobiernas sobre todo y dominas todo… ¡YO SE QUIEN TU ERES!

El Santo, el Digno, el Eterno, Amor, Bondad, Misericordia, Hermosura, Todo presente, Todo conocimiento, Todopoderoso, Asombroso, Impecable, Glorioso, Misericordioso, Justo, Recto e Incomparable, Sabio y Perfecto. Eres el Todo, por Todo y para Todos. Él es la Respuesta a cada pregunta, la Calma de toda ansiedad, el Rey de toda potestad, el Soberano de nuestras vidas, la Salud ante toda enfermedad, la Victoria frente a cada dificultad, la Inmutabilidad ante cada cambio y la Recompensa de aquellos que en Ti confían. Eres y el SER es suficiente. El Catecismo Menor de Westminster lo intenta definir estableciendo: "Dios es un Espíritu, infinito, eterno e inmutable en su ser, sabiduría, poder, santidad, bondad, justicia y verdad".

Conocer a Dios fue lo que hizo que el Apóstol Pablo lo considerara todo por basura, lo que sacó a Daniel del pozo de los leones y a David del pozo de la desesperación. Conocer a Dios hizo que Pedro pescara hombres, que Ester hablara con el rey y que Job gritara *"Yo sé que mi redentor vive"* (Job 19:25 RVR 1960). Conocer quien es Dios logró que Abraham entregara a su hijo, que Elías viera fuego bajar del cielo en el Monte Carmelo y que Juan viera Su trono. Conocer a Dios hizo que Abel trajera la ofrenda adecuada, que Rahab fuera declarada justa y que Lázaro saliera de la tumba. Cuando conocemos a Dios sabemos que no hay nada imposible para Aquel que conocemos, por eso nuestra fe se agranda, nuestro corazón le anhela más y más y nuestro único deseo y mayor honor es declarar que conocemos al Dios que reina, sobre todo y todos.

Josafat, establece esta idea, no como un acto de motivación sino como un grito de testimonio. Porque no conocemos a Dios en un día sino diariamente. El conocerlo no es el resultado de necesitarlo, sino que el necesitarlo es el resultado de conocerlo. Aquí está un rey, frente a su pueblo, pero delante de Aquel que conoce y sabe que su reinado presente y futuro no depende de sus capacidades y limitaciones sino del Dios todo poderoso y sus infinitas capacidades y la realidad de que no tiene límites. El único momento que puedo creer sin límites es cuando le creo a un Dios sin límites. En medio de su circunstancia de desesperación, de destrucción inminente, de desesperación tenemos que hacer un alto y clamar al Dios del cielo y si deseamos saber qué hacer cuando no sabemos qué hacer es decirle **"YO SE QUIEN TU ERES"**.

La segunda pregunta que Josafat hace en esta oración dice: "Dios nuestro, *¿no echaste tú los moradores de esta tierra delante de tu pueblo Israel, y la diste a la descendencia de Abraham tu amigo para siempre?*" (2 Crónicas 20:7 RVR 1960). Al usted leer los versos 7 al 11 descubrirá que Josafat hace un recuento de cómo esa tierra es herencia de Jehová para Su pueblo y las maravillas que Dios ha hecho para preservarla. Con esta pregunta Josafat le dice a Dios **¡YO SE LO QUE HAS HECHO!**

No hay forma de conocer a Dios sin conocer sus obras. Cuando conocemos a un Dios perdonador, es porque Dios nos ha puesto en un lugar donde la condenación no puede alcanzarnos (Romanos 8:1 RVR 1960). Cuando conocemos a un Dios sanador, es porque *"por su llaga fuimos nosotros curados"* (Isaías 53:5 RVR 1960). Cuando conocemos a un Dios que protege, es porque *"El Señor es fuerte guerrero; El Señor es Su nombre"* (Éxodo 15:3 NBLA). No hay forma de conocer quien es sin conocer lo que ha hecho. Por esto el salmista declara *"Él es quien perdona todas tus iniquidades, El que sana todas tus dolencias; El que rescata del hoyo tu vida, El que te corona de favores y misericordias; El que sacia de bien tu boca de modo que te rejuvenezcas como el águila"* (Salmo 103:3-5 RVR 1960). Él es, y porque es, hace.

Nuestra vida está llena de decepciones y sinsabores. Cuando personas significativas en nuestras vidas devaloran relaciones y revelan falta de honestidad nuestra reacción natural es extender esa desconfianza e inseguridad a muchas de nuestras otras relaciones, incluyendo nuestra relación con Dios. Pareciera que pensamos que lo que nos hicieron también será hecho por Dios. Pero nada puede estar más lejos de la realidad. *"Dios no es hombre, para que mienta, Ni hijo de hombre para que se arrepienta. Él dijo, ¿y no hará? Habló, ¿y no lo ejecutará?"* (Números 23:19 RVR 1960).

Cuando usted y yo hablamos, palabras salen de nuestra boca. Palabras que pueden estar cargadas con emociones, algunas con decisiones, pero otras que "se las lleva el viento". Cuando Dios habla es totalmente diferente. No son palabras lo que salen de la boca de Dios sino PODER. *"Todo fue creado por la Palabra, y sin la Palabra nada se hizo. De la Palabra nace la vida, y la Palabra, que es la vida, es también nuestra luz. La luz alumbra en la oscuridad, ¡y nada puede destruirla!"* (Juan 1:3-5 TLA). Lo que Dios es, no lo dice, lo hace. Esa certeza llevó a Josafat a clamar a Dios en el momento de mayor desesperación, cuando no sabía qué hacer y decirle, **¡YO SE QUIEN TU ERES y YO SE LO QUE HAS HECHO!**

Nada en su vida le dará mayor seguridad en medio de un momento de incertidumbre que saber quién es Dios y el haber sido testigo de Su poder. No es nuestra sabiduría personal, inteligencia o entendimiento propio lo que nos da las soluciones a los conflictos más profundos de nuestra vida, es nuestra conciencia de quien es Dios y conocer lo que es capaz de hacer por aquellos que ama. Por esta razón, conocer lo que ha dicho, Su palabra, es tan importante. En su comentario del libro de Romanos el teólogo R. C. Sproul establece: "Tenemos que entender que cuando el Espíritu Santo se comunica con el Pueblo de Dios, lo hará por Su palabra, con Su palabra y a través de Su palabra, y nunca en contra de Su palabra". Su palabra, es Su esencia, Su voluntad, Su guía para nosotros, Su promesa para nuestra vida, Su testimonio y Su agenda para el mañana.

La última pregunta que Josafat hace en esta oración es: *"¡Oh Dios nuestro! ¿no los juzgarás tú? Porque en nosotros no hay fuerza contra tan grande multitud que viene contra nosotros; no sabemos qué hacer, y a ti volvemos nuestros ojos"* (2 Crónicas 20:12 RVR 1960). Esta pregunta nos presenta una expectativa sobre lo que Dios hará en el futuro. Para nosotros el futuro es algo extremadamente incierto y hasta un enigma, pero no para Dios. Por quien Dios es y por su testimonio de lo que ha hecho una y otra vez podemos aprender algo valioso para nuestras vidas. Si es cierto que a Dios no lo podemos poner en una caja y decir que actuará de cierta manera, ni que hay fórmulas con Él, pero por otro lado sus motivos nunca cambian y su deseo tampoco.

Sus motivos son claramente expresados en Su palabra: *"Porque no envió Dios a su Hijo al mundo para conde-*

nar al mundo, sino para que el mundo sea salvo por él" (Juan 3:17 RVR 1960). *"Nadie te podrá hacer frente en todos los días de tu vida. Así como estuve con Moisés, estaré contigo. No te dejaré ni te abandonaré"* (Josué 1:5 NBLA). *"Y tengan por seguro esto: que estoy con ustedes siempre, hasta el fin de los tiempos"* (Mateo 28:20b NTV). Algo importantísimo de conocer a Dios y ser testigo de lo que ha hecho es que sus motivos emanan de su carácter. El Dios que conocemos, servimos, adoramos y confiamos cumple no solo sus promesas sino Su carácter. *"Y vino palabra de Jehová a Jeremías, diciendo: He aquí que yo soy Jehová, Dios de toda carne; ¿habrá algo que sea difícil para mí?"* (Jeremías 32:26-27 RVR 1960). En otras palabras, porque **YO SOY, YO HAGO… y HARÉ**.

La tercera pregunta de Josafat en esta oración en el momento donde no sabía que hacer lo lleva a clamar por algo que solo los que conocen a Dios y han visto su poder pueden pedir… **¡HAZLO DE NUEVO!** No hay nada que usted le pida a Dios que lo sorprenda. Nada de lo que nos ocurre hoy es desconocido para Él. No existe una situación donde cuando se le presente a Dios Él le responda: "Bueno, dame unos días para ver qué puedo hacer" eso es absolutamente imposible. ¿Porqué? Porque Su carácter y su testimonio nos dicen cómo es Él y cómo Dios conoce lo que hay que hacer porque lo ha manejado antes.

En persecución, ya Dios respondió a José. En tener su vida en peligro, ya Dios respondió a Elías. En incertidumbre, ya Dios trabajó con Ester. En la culpa de haber cometido una gran falta, ya Dios redimió a Moisés, David y a Pablo. En no poder perdonarse a sí mismo, ya Dios transformó a Pedro. En querer escapar de Dios, ya Dios manejó a Jonás. En sentirse culpable por no creer, ya Dios manejó a Tomás. En ser sorprendido en un acto de pecado, Dios amó a María Magdalena. En sentirse atacado, herido y casi muerto por otros, ya Dios perdonó a los soldados romanos. Y para cualquier otra situación, ya Dios envió a Su hijo Jesús para que *"aun estando nosotros muertos en pecados, nos dio vida juntamente con Cristo (por gracia sois salvos), y juntamente con él nos resucitó, y asimismo nos hizo sentar en los lugares celestiales con Cristo Jesús"* (Efesios 2:5-6 RVR 1960).

Dios anhela hacerlo de nuevo, no le va a tomar ningún esfuerzo y le dará toda la gloria. Él sabe perfectamente lo que permite y no permite en su vida. Pero también espera ser invitado, no solo en momentos de emergencias, sino en todo momento a dirigir, levantar, orientar y utilizar su vida para Su gloria. *"Yo sé los planes que tengo para ustedes, planes para su bienestar y no para su mal, a fin de darles un futuro lleno de esperanza. Yo, el Señor, lo afirmo"* (Jeremías 29:11 DHH). Él sabe lo mejor para tu futuro, no solo porque lo ha hecho antes, sino por quien es Él. El futuro suyo está sometido al poder de Dios y ambas cosas están subyugadas a Su carácter.

Josafat nos demuestra lo que debemos hacer cuando no sabemos qué hacer. Debemos venir a Dios, al Dios que conocemos, al que hemos visto obrar y decirle que lo que ha hecho antes lo repita. Lejos de tratar de compartirle una fórmula, es el testimonio de lo que conocer a Dios y estar atento a Su obra puede hacer para fortalecer su fe y su confianza en el Señor sobre el futuro. El futuro es absolutamente incierto proporcionalmente a nuestro distanciamiento de Dios. Pero hay completa esperanza y certeza en aquellos que hemos conocido y visto al Dios de los cielos moverse en nuestras vidas y en las vidas de otros.

YO SE QUIEN TU ERES, YO SE LO QUE HAS HECHO y por eso te pido **HAZLO DE NUEVO**, es el grito de desesperación esperanzada. Es el susurro a toda voz y el dolor lleno de gozo de aquellos que no vemos a Dios obrar cuando deseamos, pero sabemos que obrará cuando más lo necesitaremos, en Su tiempo y para Su gloria. Cuando no sabemos qué hacer podemos traer nuestro temor sobre lo incierto y la certeza de nuestra relación con Él sabiendo que Su carácter, Su obra y Su esperanza será lo que nos sostenga. *"Dios es nuestro amparo y fortaleza, Nuestro pronto auxilio en las tribulaciones. Por tanto, no temeremos, aunque la tierra sea removida, Y se traspasen los montes al corazón del mar"* (Salmo 46:1-2 RVR 1960).

La respuesta al dilema de no saber qué hacer no es el resultado de lo que Dios hará después de la oración, la respuesta está precisamente en aquel a quien le hablamos en la oración misma. El reconocer que en Aquel que es, recordar lo que ha hecho antes y su absoluto poder para volverlo a hacer está la única alternativa a lo que nos desarticula y nos turba en la crisis. Siempre he creído que la línea más corta entre un problema y una solución es la oración. Esa oración no solo refleja nuestra necesidad, sino nuestra dependencia de Dios. Josafat conocía a Dios, no tenía la respuesta, pero tenía una relación con Aquel que si la tiene. ¿Dónde estamos usted y yo en este día? ¿Sabemos qué hacer cuando no sabemos qué hacer? No hay planes de contingencia, sistemas de seguridad ni cajas fuertes que nos guarden y cubran como Dios lo hace.

"En lo que nos enfocamos, crece; pero también en lo que no nos enfocamos, se reduce" dice Ken Blanchard en su libro *The Servant Leader* (El Líder Siervo). Tome ventaja de esta gran verdad. Yo le propongo que nos enfoquemos en Su carácter y nos desenfoquemos en nuestros planes. Le exhorto a que se enfoque en Su testimonio y no en sus fracasos. Le motivo a que se enfoque en Sus promesas para usted y no en sus desilusiones. Saber quien es Dios, saber lo que Él ha hecho y confiar que lo hará otra vez es un ejercicio espiritual intencional y no simple suerte o casualidad. Su relación con Dios no se desarrollará en un día, pero si diariamente. Esta no será su primera crisis ni su última. Le invito a crecer juntos, a confiar en lo que Él es, en lo que ha hecho y en tener la certeza de que lo hará nuevamente y en que esa relación permanecerá aun en el tiempo de paz y de quietud.

Dios es el Señor desde antes de usted saberlo, Dios es Todopoderoso desde antes de que usted viera lo que es capaz de hacer y Dios seguirá siendo Dios mucho después de que responda a sus retos para el futuro. *"En ti confían los que conocen tu nombre, porque tú, Señor, jamás abandonas a los que te buscan"* (Salmo 9:10 NVI). Por eso le invito a que, si está en ese momento, como Josafat, pueda clamar conmigo: **YO SE QUIEN TU ERES, YO SE LO QUE HAS HECHO** y te pido mi Dios **HAZLO DE NUEVO, HAZLO DE NUEVO... ¡HAZLO DE NUEVO!**

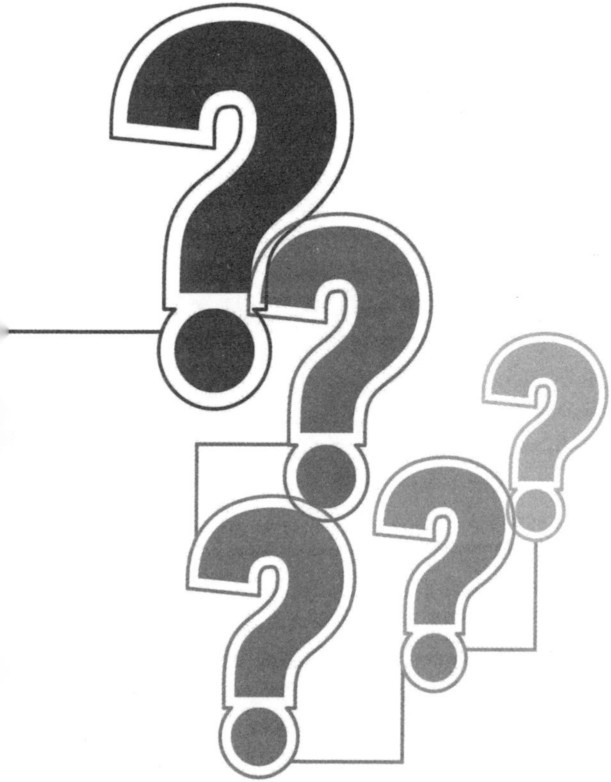

Cuando Dios cumple sus promesas

5

Dios siempre cumple sus promesas. La pregunta no es ¿cumplirá Dios sus promesas? La verdadera pregunta es ¿qué ocurre en nosotros cuando Dios cumple sus promesas? Por su carácter perfecto y divino, Dios es. Esto pareciera ser algo simple, y realmente lo es, pero las implicaciones del absoluto carácter y obra de Dios tiene profundas implicaciones. Nosotros le establecemos nombres a Dios que en muchas ocasiones están basados en nuestra interacción con Él. Si nos ha sanado, es nuestro Sanador. Si nos ha perdonado, es el Perdonador. Si nos ha provisto, es nuestro Proveedor. Pero ¿cómo Dios se define a sí mismo? Contestar esa pregunta nos ayudará a entender lo que ocurre en nosotros cuando siempre cumple sus promesas.

Moisés se encontraba en el momento más trascendental de su vida cuando frente a una zarza ardiente comenzó a escuchar la voz de Dios y Su propósito para su vida. Una vez el mensaje a Moisés había sido claramente establecido, Moisés lanza una pregunta: *"Pero Moisés dijo: Si yo voy al pueblo de Israel y les digo que me envió el Dios de sus padres, ellos me preguntarán: "¿De qué Dios nos estás hablando?". ¿Qué les diré?"* (Éxodo

3:13 NBV). Con su vida, entre el Pueblo de Dios y su trasfondo egipcio, Moisés pensaba que su confusión era general entre todo el pueblo. Ciertamente no vemos las cosas como son sino como somos. Por esa razón Dios responde contundentemente a la pregunta de Moisés "¿De qué Dios estás hablando?". Este es el momento que Dios escoge para definirse a sí mismo.

"Entonces Dios le respondió a Moisés: Diles que te envía el Dios eterno, pues YO SOY EL QUE SOY. ¡Mi nombre es YO SOY! Simplemente diles: "YO SOY es el que me ha enviado" (Éxodo 3:14 NBV). Nada más y nada menos que YO SOY. El perfecto presente progresivo para lo absoluto de la existencia humana y más allá. Ese YO SOY expresa su carácter en su existencia, la obra de sus manos y su infinito conocimiento del pasado, presente y fututo que para Él son uno. Por esta razón Jesús, siendo Dios se define estableciendo: *"De cierto, de cierto les digo: Antes de que Abrahán fuera, yo soy"* (Juan 8:58 RVC).

El Dr. John Piper examinando este concepto nos da diez verdades que nos arrojan luz sobre un mejor entendimiento de quien Dios es cuando establece... YO SOY.

1. **Dios no tiene principio.**
   Dios es quien es. Nunca tuvo un inicio. Cuando alguien pregunta, ¿de dónde viene Dios? o ¿quién creo a Dios? la respuesta correcta es: Nadie. Dios es.

2. Dios no tiene final.

Porque Dios es quien es, su existencia no tiene cierre o clausura. Como el no vino a ser, no puede dejar de ser. No hay nada fuera de Él incluyéndolo a Él.

3. Dios es realidad absoluta.

Porque Dios es quien es, su realidad es absoluta y eterna. No hay realidad antes de Él y no la hay fuera de Él. Dios no es una de las realidades de la existencia, es la única y absoluta realidad. Siempre ha sido, no hay espacio sin Él, no hay universo sin Él, ni siquiera hay vacío sin Él. Solo Dios ha existido por siempre y un por siempre absoluto.

4. Dios es completamente independiente.

Porque Dios es quien es, es absolutamente independiente. No dependió de nada para llegar a ser. Nada lo sostiene, nada lo aconseja. Nada lo ayudó a ser quien es ya que nunca fue una cosa y se desarrolló a ser otra. Siempre ha sido Dios.

5. Todo depende de Él.

Porque Dios es quien es, todo lo que no es Dios depende absolutamente de Dios. todo lo que no es Dios es secundario y dependiente. El universo entero es secundario a la realidad de Dios. El universo es secundario, la humanidad es secundaria. Dios es primero, absolutamente primero y último y glorioso. Todo lo demás es secundario.

6. **Nada se compara a Dios.**
Porque Dios es quien es, el universo completo es nada comparado a Él. Las galaxias comparadas a Dios son nada. Todo lo que nos asombra, que nos llama la atención, lo que estimula nuestro pensamientos, acciones y decisiones es nada en comparación con quien es Él. *"Todas las naciones ante Él son como nada"* (Isaías 40:17a NBLA).

7. **Dios no puede ser mejorado.**
Porque Dios es quien es, es inmutable y no cambia. Él es el mismo ayer, hoy y siempre. No se puede mejorar. No puede desmejorar. No puede convertirse en nada. Dios es quien es. No hay desarrollo, crecimiento o maduración en Él. No hay progreso o avance en Dios. Perfección absoluta que no puede ser alterada.

8. **Dios establece el estándar final.**
Porque Dios es quien es, Él es el estándar absoluto de verdad, bondad y belleza. No hay un libro que Dios consulte para decidir lo que es correcto. No hay una base de datos donde Dios verifique la veracidad de alguna información. No hay nada fuera de Él que determine lo hermoso y excelente. Dios es el estándar.

9. **Dios siempre hace lo correcto.**
Porque Dios es quien es, Él hace lo que le place y

es perfecto, es hermoso y siempre en acorde con la verdad. Nada fuera de Él lo cambia, lo limita o lo restringe. Toda realidad fuera de Él está sometida a Él. Es absolutamente libre, el único absolutamente libre en el universo.

10. Nada tiene mayor valor.

Porque Dios es quien es, es lo más grandioso, lo más hermoso, lo más valioso y la persona más importante en toda la existencia de todo. Es más digno de interés, atención, admiración y deleite que todas las personas y realidades puestas juntas incluyendo todo el universo.

Teniendo un mejor entendimiento de quién es Aquel que opera sobrenaturalmente y responde a nuestro clamor cuando no sabemos qué hacer, debe producir absoluta seguridad, disipar toda duda y provocar la certeza en nuestra mente y corazones que no hay un lugar más amplio, complejo, abarcador y perfecto que la presencia de Dios mismo. "En el proceso de crecimiento de cada creyente una de las esenciales ideas formativas que desarrollarán el carácter de hoy y el entendimiento del mañana es que en Dios siempre hay un resultado positivo de nuestras experiencias negativas" dice el Dr. John C. Maxwell. En otras palabras, *"Sabemos que Dios va preparando todo para el bien de los que lo aman, es decir, de los que él ha llamado de acuerdo con su plan"* (Romanos 8:28 TLA).

Josafat sabía que presentarse ante su Dios, aún en medio de su temor, era lo correcto, no por el sino por el Dios que conocía y había creído. Establecer esas tres ideas **(YO SE QUIEN ERES, YO SE LO QUE HAS HECHO, HAZLO DE NUEVO)** no era un movimiento basado en valentía, sino en intimidad con ese Dios. Ese mismo Dios no se hace esperar. Ante el clamor de su pueblo, Dios envía palabra a través de su profeta diciendo: *"Oíd, Judá todo, y vosotros moradores de Jerusalén, y tú, rey Josafat. Jehová os dice así: No temáis ni os amedrentéis delante de esta multitud tan grande, porque no es vuestra la guerra, sino de Dios"* (2 Crónicas 20:15 RVR 1960). Es un aliciente muy profundo cuando Dios le dice a usted y a mí, yo me encargo de esto. Ese ha sido el trabajo voluntario de Dios desde el principio, tomar nuestro lugar. Conociendo nuestra insuficiencia por nuestra naturaleza pecaminosa, Su santidad y perfecto amor lo lleva a tomar nuestra posición aún en momentos donde nosotros somos responsables por lo que nos amenaza.

Por otro lado, el que Dios decida como respuesta a Su plan y nuestra súplica tomar nuestro lugar en la batalla nunca implica que tomará nuestra responsabilidad en el proceso. Por esta razón, al darle respuesta a Josafat de lo que habría de hacer le establece sus expectativas de la participación que Josafat y el pueblo deben tener, no porque Dios necesite ayuda, sino porque nosotros somos los que la necesitamos. *"Mañana descenderéis contra ellos; he aquí que ellos subirán por la cuesta de Sis, y los hallaréis junto al arroyo, antes del desierto de Jeruel.*

No habrá para qué peleéis vosotros en este caso; paraos, estad quietos, y ved la salvación de Jehová con vosotros. Oh, Judá y Jerusalén, no temáis ni desmayéis; salid mañana contra ellos, porque Jehová estará con vosotros" (2 Crónicas 20:16-17 RVR 1960).

La orden de parte de Dios de descender al siguiente día no es un grito de ayuda de Dios, sino uno de gozo. Dios les ordena que estén presentes en la batalla para que lo vean a Él obrar. Cuando Dios nos invita, nunca lo hace porque tiene necesidad de nuestra presencia, sino porque Él ve nuestra necesidad de Su presencia. Nuestra percepción de Dios cuando nos ordena ir a la batalla es una en ocasiones confusa y hasta falsa. La batalla no es el lugar donde podríamos perder la vida, sino el lugar donde se fortalece nuestra fe. La batalla no es el lugar que tenemos a ir a demostrar quienes somos, sino al lugar donde Dios demuestra nuevamente quien es. La batalla no es el lugar donde nos defendemos de quienes quieren herirnos sino el lugar donde nos encontraremos al que desea más que nadie protegernos. *"¡Escucha, Israel! Hoy vas a entrar en batalla contra tus enemigos. No te desanimes ni tengas miedo; no te acobardes ni te llenes de pavor ante ellos, porque el Señor tu Dios está contigo;* **él peleará en favor tuyo** *y te dará la victoria sobre tus enemigos"* (Deuteronomio 20:3-4 NVI).

Cuando Dios cumple sus promesas se revela a nosotros. A través de lo que hace revela lo que es y al Dios no cambiar, esa estabilidad e inmutabilidad fortalece nuestra esperanza para el futuro. El Dr. Rainero

Cantalamesa, ha sido el sacerdote que ha ministrado semanalmente con sus sermones a los últimos tres papas de la Iglesia Católica y uno de los más grandes teólogos del siglo XX y XXI. En su libro *La Vida en el Señorío de Cristo* establece: "La Iglesia nació de la esperanza y es necesario reavivarla hoy si deseamos darle un nuevo ímpetu a nuestra fe y hacerla que conquiste el mundo nuevamente. Nada es posible sin esperanza. Cuando una persona llega al punto de no tener esperanza, es como si hubiese fallecido. Ofrecerle esperanza a alguien es el regalo más hermoso que puede ofrecerse" Dios es el Dios de la esperanza, no porque la da sino porque la es. Su esperanza nos ha sorprendido en el pasado, nos alienta en el presente y nos sostiene en nuestra mirada al futuro.

Mi madre estaba muy enferma, sus días estaban llegando a su final. Cuando la vi en aquella cama salté de frustración y dolor, a oportunidad y esperanza. Eso solo lo puede hacer Dios. Me acerqué a su cama y ella me miró. Le pregunté como tantas veces, "¿No crees que es tiempo de aceptar a Jesús como tu Señor y Salvador? Allí mismo me respondió: "Es tiempo". Oramos juntos y luego oré por ella. Luego de ese encuentro jamás volvió a hablar. Cada noche mi hermano del alma Alex Mata, uno de nuestros músicos de la iglesia en ese tiempo, venía al hospital conmigo y mientras él tocaba la guitarra le cantaba a mi madre himnos, salmos y cánticos espirituales. Creo que era la única forma que tenía de discipularla. Mientras yo cantaba, me apretaba la mano y lloraba. Amé a mi madre profundamente y sabía que Dios estaba ganando esta batalla por mí. Así estuvimos por unas cuantas semanas, la llevamos a nuestro hogar porque el médico dijo que no había nada más que hacer. Una semana después se fue una tarde y en ese mismo instante, como un abrir y cerrar de ojos, comenzó a disfrutar del cumplimiento de cada promesa que Dios le había hecho.

Nunca hay un buen momento para ser huérfano, pero siempre es un buen momento para abrazar la esperanza que solo Dios nos puede y está disponible a darnos. Siempre he pensado como hubiese terminado la historia si le hubiese permitido a mis temores, inseguridades y dolor reinar sobre el carácter, el amor y la soberanía de Dios en mi vida. No puedo determinar cómo exactamente hubiese terminado, lo que sí sé es que cuando no supe qué hacer, pensé lo que yo haría y descubrí que era lo errado, pero Dios que es grande en misericordia tuvo en su perfecta gracia el saber y actuar en la salvación de mi madre y en la restauración de mi alma dolida.

Josafat sabía que las promesas de Dios eran más grandes que sus temores personales. Conocía que el Dios íntimo le recompensaría en público. Esperanzado se acercó al Señor, no para demostrar su liderato sino el de Dios. Por eso antes de que Dios actuara, solo por lo que había prometido *"Josafat se inclinó rostro a tierra, y asimismo todo Judá y los moradores de Jerusalén se postraron delante de Jehová, y adoraron a Jehová. Y se levantaron los levitas de los hijos de Coat y de los hijos de Coré, para alabar a Jehová el Dios de Israel con fuerte y alta voz"* (2 Crónicas 20:18-19 RVR 1960). Hay un cántico nuevo en nuestra alma cuando Dios hace, pero aún mayor cuando sabemos quien es. Si Dios lo promete lo cumple, no puede hacer otra cosa. Dios está absolutamente incapacitado por Su carácter de **YO SOY** de fallar a Su palabra y faltar a su promesa. Si ES no puede dejar de SER. No solamente responde a nuestro clamor cuando actúa, sino también fortalece nuestra fe y nos permite conocerle mejor. Eso es lo que Dios hace cuando cumple sus promesas.

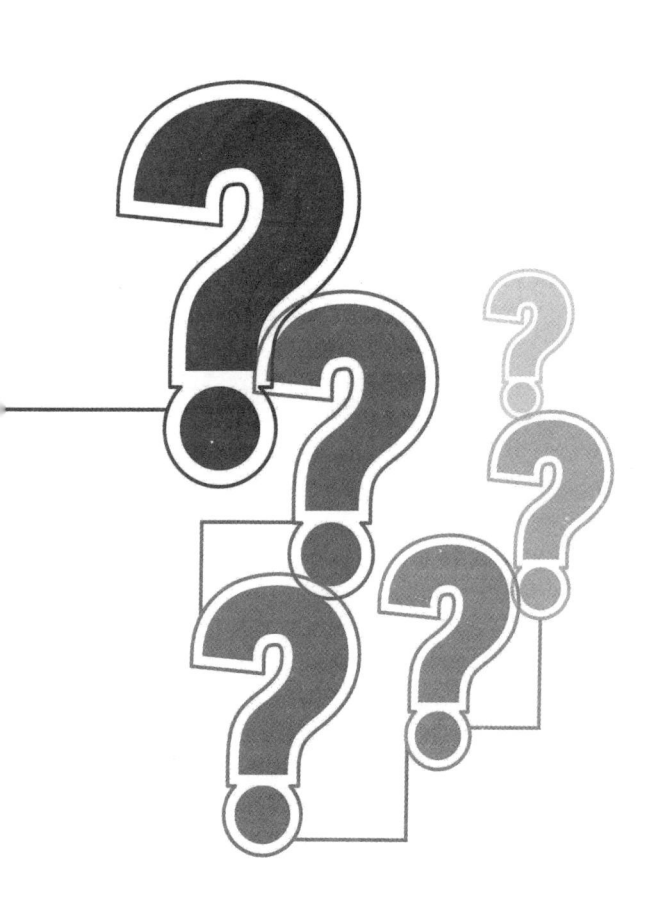

Cuando lo que nos maldice nos bendice 6

Hay un abismo entre la manera en que respondemos naturalmente a la vida y cómo Dios a decidió actuar en ella. ¿Qué hacemos cuando algo nos maldice? Lo rechazamos. ¿Qué hace Dios cuando algo lo maldice? Lo redime. La diferencia entre abrazar y rechazar, sanar y dejar morir y entre desechar y valorar es lo que nos diferencia mayormente del Dios del universo. El carácter de Cristo es formado en nosotros constantemente. *"Este trabajo debe continuar hasta que estemos todos unidos en lo que creemos y conocemos acerca del Hijo de Dios. Nuestra meta es convertirnos en gente madura, vernos tal como Cristo y tener toda su perfección"* (Efesios 4:13 PDT). Como proceso que es, hay indicadores que nos dejan saber cuan cercanos o lejanos estamos de esa meta.

Josafat pudo ver con sus propios ojos la salvación de Jehová para con él y su pueblo. *"Y cuando comenzaron a entonar cantos de alabanza, Jehová puso contra los hijos de Amón, de Moab y del monte de Seir, las emboscadas de ellos mismos que venían contra Judá, y se mataron los unos a los otros. Porque los hijos de Amón y Moab se levantaron contra los del monte de Seir para matarlos y destruirlos; y cuando hubieron acabado con los del monte de Seir, cada cual ayudó a la destrucción de su compañero. Y luego que vino Judá a la torre del desierto, miraron hacia la multitud, y he aquí yacían ellos en tierra muertos, pues ninguno había escapado"* (2 Crónicas 20:22-24 RVR 1960).

No solo Dios le permitió ver la victoria sobre sus enemigos, pero la eliminación total de ellos. En primera fila, el pueblo de Dios observó a un Dios que cumple sus promesas. Vieron como los que se levantaron contra ellos fueron aniquilados por sus propias emboscadas y ni siquiera uno quedó de pie. Pareciera que lo mejor fue que Dios eliminara la amenaza por completo. Cuando el miedo se apodera de nosotros la exterminación de aquello que nos produce temor pareciera ser la mejor solución. En nuestra mente los mejores planes de Dios son lo que se parecen a los nuestros. Pero tristemente nunca es así. El proceso de aprendizaje no había terminado.

Josafat pensó que luego de la batalla debían despojar a los enemigos de sus armas, armaduras y efectos de guerra, posiblemente para estar mejor preparados para la próxima ocasión. Y es ahí, en ese instante, que todos caemos y regresamos a vivir como si el Dios que acaba de revelarse no fuera conocido por ellos. Nosotros no somos diferentes. En muchos momentos cuando no sabemos qué hacer, deseamos que Dios intervenga de una forma sobrenatural para nosotros y cotidiana para Él. Su mano y poder se mueven contundentemente y somos salvados de lo que amenazaba nuestra vida, seguridad y cordura. Es ahí donde deseamos despojar a aquellos que nos amenazan, no volverles a ver, no perdonamos, y regresamos al mismo lugar que nos encontrábamos antes de la intervención de Dios. Es ahí donde perdemos la mejor parte. Porque es ahí donde Dios muestra su verdadero cuidado de nosotros.

El problema nunca es el verdadero problema, el problema se convierte en el problema por nuestra actitud ante el problema, una vez solucionamos el verdadero problema que es la actitud, lo que pensábamos que era el problema ya no es el problema. Josafat tenía varias lecciones más que aprender porque Dios nunca desperdicia Su poder. Cuando Dios obra no solo nos libra, también nos forma. En esa formación nos sorprende con el verdadero propósito de todo lo ocurrido. Dios no simplemente responde a nuestro clamor, responde hasta para las necesidades que nosotros no hemos podido identificar en nosotros mismos. Josafat estaba a punto de entrar en esa dimensión con Dios.

Para Josafat lo lógico era encontrar armamentos y efectos de guerra para defenderse para una futura ocasión, olvidando que si Dios lo había hecho lo podría hacer otra vez. En vez de eso Dios le muestra una lección de alto valor para su vida física y espiritual. *"Viniendo entonces Josafat y su pueblo a despojarlos, hallaron entre los cadáveres muchas riquezas, así vestidos como alhajas preciosas, que tomaron para sí, tantos, que no los podían llevar; tres días estuvieron recogiendo el botín, porque era mucho"* (2 Crónicas 20:25 RVR 1960).

La sorpresa que Dios les tenía era inaudita e inexplicable. ¿Cómo era posible que en vez de efectos de guerra encontraran riquezas, vestidos, alhajas en gran cantidad? Porque Dios deseaba mostrarles que lo que en un momento dado nos amenaza y nos maldice, puesto en las manos de Dios, puede bendecirnos. No solo porque Dios podría darnos lo inesperado, sino porque podría cambiar en nosotros lo inesperado. ¿De qué Dios le ha querido defender o protegido que por rechazarlo ha perdido la oportunidad de ser bendecido? Sídney Howard escribió: "La mitad de conocer lo que deseas es el saber lo que tienes que entregar para obtenerlo".

Donde nosotros vemos destrucción Dios ve oportunidad, donde vemos muerte Dios ve vida y donde vemos nuestros problemas resueltos, Dios ve oportunidad de crecimiento y desarrollo. Cuando el pueblo de Dios llegó al valle para la batalla llegó confiado de la destrucción de sus enemigos, pero no sabían que esos enemigos destruidos no era el final del camino sino solo el principio. Usted y yo debemos abrazar la idea de que Dios ve más que nosotros y primero que nosotros. La provisión sobrenatural de Dios para con su pueblo vino del lugar menos esperado. Lo que en un momento trajo maldición, en las manos de Dios produce bendición.

En nuestra vida hay relaciones interpersonales, personajes de nuestra historia antigua que hemos dejado en el camino. Algunos de esos sin perdonar, sin atender y sin cerrar ese ciclo necesario para continuar adelante. Sin saberlo cargamos con esos conflictos no resueltos que atormentan nuestra vida y visión del mundo. Dios desea que los entregues en Sus manos y le des la oportunidad de tornarlos en bendición. *"Y él enjugará las lágrimas de sus ojos, y ya no habrá muerte, ni luto, ni llanto, ni dolor, porque todo lo viejo ha desaparecido"* (Apocalipsis 21:4 BLPH).

En una conversación que tuve recientemente con mi amado hermano y amigo el Rvdo. Satirio Dos Santos, pastor de la iglesia Centro Cristiano en Colombia me dijo: "Cada vez que Dios quiere darnos un regalo Él lo envuelve en un problema". La posición de José como segundo en mando en Egipto requirió que fuera vendido por sus hermanos. La influencia de Ester sobre el rey requirió que ella fuera entrenada y venciera sus temores. David llegó a ser el rey ungido de Israel, pero tuvo que vencer a Goliat primero. Para Pablo levartarse Dios tuvo que cegar a Saulo. Para Pedro aceptar su llamamiento tuvo que primero negar a Jesús. Las riquezas dadas por Dios a Judá y a Josafat vinieron luego de un tiempo de miedo y desesperanza. Lo que ayer era una maldición, hoy Dios lo torna en bendición. Mi amada hermana y maestra la Rvda. Elizabeth Guidini, pastora de la Iglesia El Sendero de la Cruz en Puerto Rico enseña: "Lo que aprendimos en las tinieblas debemos compartirlo en la luz".

El cáncer que afectó a mi madre terminaba su vida, pero fue el momento que Dios utilizó para darle vida eterna. El dolor y sufrimiento por lo sucedido con ella me ayudaron a crecer y a desarrollar mi confianza y dependencia en Dios. En su vida y en la vida podemos escapar, echar hacia afuera y hasta eliminar aquellas cosas que nos causan dolor, miedo, tristeza y amargura, pero

Dios tiene un mejor plan donde lo que en un momento parecía maldecirnos, al pasar por Sus manos, puede bendecirnos.

Examina los momentos difíciles en tu vida. ¿Cómo se solucionaron? ¿La solución se produjo porque te apartaste del proceso o de las personas? Tengo excelentes noticias para usted, aún hay oportunidad de que vea lo mejor de Dios en ese proceso. Dios no ha terminado, el mayor tesoro, la mejor parte, la mayor provisión de parte de Él no ha ocurrido todavía. Ábrase a la posibilidad que en vez de encontrar armas que usted pensaba que eran para herirlo allí encontrará un tesoro que Dios tiene para usted.

Ese tesoro podría ser perdón, reconciliación, fortaleza, honor, restauración, restitución y hasta poder ser elevado al lugar que le pertenece porque Dios lo desea para usted. Solo el Señor puede cambiar algo que aparentaba maldecir en algo que le bendecirá. En vez de deshacerse de eso, entrégueselo al Señor y podrá decir: *"Entonces, él transformó mi dolor en danza. Me quitó mi ropa de luto y me vistió de fiesta, para que pudiera entonarle alegres alabanzas en vez de yacer en el silencio de la tumba. Señor, Dios mío, proseguiré expresándote mi gratitud eternamente"* (Salmo 30:11-12 NBV).

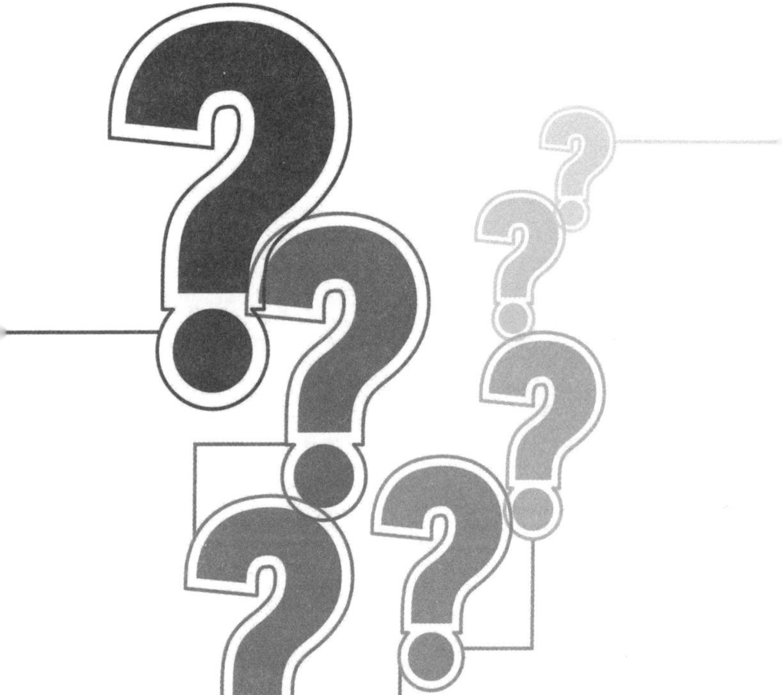

Cuando sabemos qué hacer

7

Muhammad Alí fue uno de los boxeadores y atletas más importantes del siglo pasado. En una ocasión tomó un vuelo para asistir a uno de sus múltiples compromisos. El nombre de Muhammad Alí nunca ha sido sinónimo de humildad ni mansedumbre. Durante ese vuelo el avión entró en un área donde había una tormenta muy severa. Todos los que viajamos constantemente sabemos que cuando el piloto dice que hay una "turbulencia moderada" lo que implica es "si usted cree en alguna religión este es el momento de orar a lo que usted crea". Los pasajeros fueron instruidos a abrocharse los cinturones inmediatamente. Todos obedecieron la orden menos Alí. Notando esta conducta, la azafata se le acercó y le solicitó al boxeador que obedeciera la orden del piloto. Audazmente Alí respondió "Superman no necesita ponerse el cinturón". A lo que la azafata sagazmente contestó: "¡Superman tampoco necesita un avión!"

Traigo esta historia porque en la coyuntura que nos encontramos no quisiera que pensara que esto es un libro motivacional. Mi objetivo no es que usted simplemente sea motivado a poner su confianza en Dios. Confiar en Dios es el resultado de conocerlo y verlo obrar, no de palabras positivas o de pensamientos filosóficos. Después de una prueba en la que Dios nos ha librado y hemos salido airosos podríamos cometer el error común de confiar que siempre será así, por una razón sencilla, creeríamos que ahora sabemos qué hacer. Como Alí, desarrollaríamos la arrogancia de pensar que en medio de la próxima turbulencia de la vida no necesitaremos el "cinturón" para estar protegidos. Esa es una trampa en la que muchos hemos caído.

Cada prueba, problema o situación difícil nos confronta con dos realidades: nuestra insuficiencia y la suficiencia de Dios. Crecer de gloria en gloria es otra expresión para caminar de problema en problema. No es en vano que el Apóstol Santiago comienza su carta exhortándonos: *"Amados hermanos, cuando tengan que enfrentar cualquier tipo de problemas, considérenlo como un tiempo para alegrarse mucho porque ustedes saben que, siempre que se pone a prueba la fe, la constancia tiene una oportunidad para desarrollarse. Así que dejen que crezca, pues una vez que su constancia se haya desarrollado plenamente, serán perfectos y completos, y no les faltará nada"* (Santiago 1:2-4 NTV).

Las experiencias de como Dios nos libra de una situación difícil son hermosas y sobrenaturales, pero el objetivo de librarnos no es simplemente nuestra preservación y que aprendamos un "truco" de cómo salirnos de los problemas en que nos posicionemos en el futuro. Hay un objetivo aún más importante que ese, el deseo de Dios de que le conozcamos más y dependamos más y más de Él. La próxima prueba o problema requerirá no un "truco" o una fórmula basada en la experiencia anterior, requerirá de una fe más sólida, más madura y una dependencia más profunda en el gran YO SOY.

Josafat tristemente no aprendió esa lección y las consecuencias no fueron agradables en su vida. Luego de esa maravillosa y sobrenatural expresión del Dios vivo en la vida de Josafat y su pueblo, librándolos del enemigo y proveyendo inmensamente al punto que estuvieron tres días recogiendo riquezas, la lección no fue aprendida. *"Pasadas estas cosas, Josafat rey de Judá trabó amistad con Ocozías rey de Israel, el cual era dado a la impiedad, e hizo con él compañía para construir naves que fuesen a Tarsis; y construyeron las naves en Ezión-geber. Entonces Eliezer hijo de Dodava, de Maresa, profetizó contra Josafat, diciendo: Por cuanto has hecho compañía con Ocozías, Jehová destruirá tus obras. Y las naves se rompieron, y no pudieron ir a Tarsis"* (2 Crónicas 20:35-37).

En ocasiones nuestra euforia en la victoria no nos permite ver la próxima amenaza. Para Josafat la victoria dada sobre los pueblos que venían a atacarle no le dejó ver la destrucción que le traería asociarse con el rey Ocozías el cual era "dado a la impiedad". Josafat había disfrutado de la benevolencia y el cuidado de un Dios bondadoso, pero estaba absolutamente ciego de que no necesitaba el "cinturón de seguridad" para esta turbulencia. ¿Por qué? Porque ni siquiera podía ver la turbulencia. *"Quien anda con sabios acaba sabio, el que se junta con necios acaba mal"* (Proverbios 13:20 BLP). Terminar mal no es el producto de una amenaza externa, es siempre un trabajo interno. Las naves de Josafat y Ocozías terminaron totalmente destruidas, no por un ataque de una nación en búsqueda de dominio, sino por corazones que no buscaron el consejo de Dios.

Dios no está interesado en ser un botiquín de emergencias que solo es utilizado en medio de una crisis. Dios anhela una relación íntima, profunda y constante con los suyos. Dios no desea estar solo ahí cuando no sabemos qué hacer, desea estar ahí aun cuando creemos que sabemos qué debemos hacer. ¿Por qué? *"Yo no pienso como piensan ustedes ni actúo como ustedes actúan. Mis pensamientos y mis acciones están muy por encima de lo que ustedes piensan y hacen: ¡están más altos que los cielos!"* (Isaías 55:8-9 TLA).

Curiosamente cuando Josafat sentía miedo en medio del conflicto buscó a Dios y fue librado. Pero más tarde, Josafat sintiéndose confiado no buscó a Dios y cayó en conflicto. Siempre he creído que el peor castigo de Dios es dejarnos hacer nuestra propia voluntad.

Dolorosamente esa es la lección inevitable de aquellos que habiendo experimentado a un Dios cercano deciden no considerarlo. Cuando nuestra relación con Dios está basada en criterios personales y nos acercamos a Él exclusivamente cuando lo creemos necesario, cuando no sabemos qué hacer, el día vendrá donde sufriremos las consecuencias de tratar de usar a un Dios que no puede ser usado ni manipulado por nadie.

A.W. Tozer en su libro *El conocimiento del Dios santo* explica: "La armonía de su ser no es el resultado de un perfecto equilibrio entre las partes, sino de la ausencia de partes. Entre sus atributos no puede existir contradicción alguna. Él no necesita suspender uno para ejecutar otro, porque en Él todos sus atributos son uno. Dios no se divide a sí mismo para realizar una obra, sino que obra en la unidad total de su ser". El mismo Dios que habla fuertemente para proclamar su cuidado es el Dios silencioso cuando no es consultado. Él no deja de hablar para estar callado, aún Su silencio habla. Josafat escuchó fuerte y claramente la voz de su Dios queriéndole rescatar del inminente peligro, pero no quiso escucharlo cuando debía escudriñar el carácter de aquel con quien se asociaría.

Cuando no sabemos qué hacer nos humillamos y buscamos la ayuda de Aquel más grande y sabio que nosotros. Cuando hemos pasado la prueba, no por nuestros méritos sino por la intervención y gracia de Dios, pareciera que nuestro ego resucita, nuestra arrogancia es reestablecida pensando y actuando como si ya el Dios redentor, salvador y restaurador no fuera necesario. Hoy es un día excelente para comprender que, comparado al conocimiento, la grandeza y la majestad de Dios, nosotros vivimos en un estado constante de no saber qué hacer. Si pusiéramos nuestra vida en justa perspectiva y la tratáramos de comparar con la eterna y perfecta existencia de Dios llegaríamos a la conclusión que no hay un segundo de nuestra vida en la que sabríamos qué hacer comparado con lo que Dios puede y sabe hacer.

"El amor no es algo que Dios tiene, y que puede crecer o disminuir, o dejar de ser. Su amor es la forma en que Dios es, y cuando Él ama se está limitando a ser Él mismo. Lo mismo sucede con cada uno de sus atributos" concluye A.W. Tozer. Conocer a Dios de la manera que Él desea y nos permite que le conozcamos no debe causar un sentido de inferioridad en nuestras vidas sino uno de agradecimiento y paz. El saber que alguien tan asombroso como Dios está absolutamente dispuesto a atender cada una de las situaciones de nuestras vidas evidencia no un deseo de ser intruso, sino su posición como dueño absoluto de lo que somos. Como buen dueño y soberano desea estar seguro de que cada uno de aquellos que le pertenecemos a Él tenemos la confianza de venir a Él en cualquier momento.

"Acerquémonos, pues, llenos de confianza a ese trono de gracia, seguros de encontrar la misericordia y el favor divino en el momento preciso" (Hebreos 4:16 BLPH). La clave está en la frase "momento preciso". Mientras más caminemos con Dios, más entenderemos que cada instante es un "momento preciso", no por la manera en que la vida nos afecta a nosotros, sino por la oportunidad de ser "afectados" por Dios.

Hay tantas cosas que quisiera decirle sobre mi experiencia con mi madre. Aún el día de hoy la extraño profundamente. Sé que hoy ella disfruta de cada promesa que Dios le ha hecho a los que le aman. No sueño con el día que volveré a verla en el cielo, no creo que ella o yo somos competencia de atención comparados con la majestuosidad de Cristo. Cuando no supe qué hacer en el suelo de aquel estacionamiento pensé que haría tantas cosas, estaba tan dolido. Pero Dios utilizó ese momento de profundo dolor para darme uno de los privilegios más grandes de mi vida. Muchos años atrás mi madre me dio mi vida física y en ese momento difícil Dios me utilizó para guiarla a obtener la vida eterna. Hoy sé que ella está mucho mejor frente a la presencia de Dios que bajo mi cuidado.

No saber qué hacer es uno de los momentos más frustrantes de la vida para cualquier ser humano, pero aún más frustrante es creer que sabemos lo que hay que hacer y que eso nos lleve a no tomar a Dios en cuenta. No caiga en la trampa de creer que porque ha pasado algunas batallas ya sabe cómo ganar la guerra. Ponga toda su confianza en el Señor. En el último análisis he descubierto que confiando plenamente en Cristo es mejor no saber qué hacer.

Bibliografía

Blanchard, Ken; Hodges, Phil (2003). *The servant leader: Transforming your heart, head, hands, & habits.* Nashville, TN: J. Countryman.

Bryant, David (2004). *Christ Is All!* New Providence, NJ: New Providence.

Cantalamessa, Raniero (1992). *Life in the lordship of Christ: A spiritual commentary on the Letter to the Romans.* London: Darton, Longman and Todd.

Dos Santos, Satirio (2015). *El camino del misionero.* Bogotá, Colombia.

Emerson, Ralph Waldo, & Carpenter, F. I. (1934). *Ralph Waldo Emerson: Representative selections.* New York, NY: American Book Company.

Foster, Richard J. (1989). *Celebration of discipline: The path to spiritual growth*, rev ed. London: Hodder & Stoughton.

Guidini, Elizabeth (n.d.). *Una palabra de esperanza*. Retrieved May 3, 2020, from https://elsenderodelacruz.org/

Hoffer, Eric (1959). *The true believer: Thoughts on the nature of mass movements*. New York, NY: Harper Perennial.

Kotter, John P. (2012). *Leading change*. Boston, MA: Harvard Business Review Press.

Maxwell, John C. (2016). *Good leaders ask great questions: Your foundation for successful leadership*. New York, NY: Faith Words.

Maxwell, John C. (1996). *Living at the next level: Insights for reaching your dreams*. Nashville, TN: T. Nelson.

Maxwell, John C. (2009). *The right to lead: Learning leadership through character and courage*. Nashville, TN: Thomas Nelson.

Ledezma, Abel (2005). *Liderazgo enfocado: Principios eternos que enfatizan el carácter, la pasión y la santidad que son esenciales para un liderazgo eficaz*. Nashville, TN: Caribe-Betania.

Piper, John (2016). *A peculiar glory: How the Christian scriptures reveal their complete truthfulness*. Wheaton, IL: Crossway.

Ramirez-Alvarado, Alfonso (2000). *Confesión de fe de Westminster y catecismo menor*. Terrassa (Barcelona): Clie.

Rivera-Méndez, Mario E. (1983). *Por favor ayúdame a cambiar: Introducción a la teoterapia*. Río Piedras, P.R., PR: Colegio Universitario Cristiano de las Américas.

Sproul, R. C. (2011). *The gospel of God: Romans*. Fearn, Scotland: Christian Focus.

Tozer, A. W. (1992). *The knowledge of the holy: The attributes of God: Their meaning in the Christian life*. New York, NY: HarperOne.

Zacharias, Ravi (2004). *Can man live without God*. Dallas, TX: Nelson.

Notas

Notas

Notas

Notas

Notas

OIKOS

CARLOS A. VÉLEZ | FUNDADOR Y PRESIDENTE

Entrenamos, capacitamos y añadimos valor a líderes alrededor del mundo en las áreas de liderazgo, finanzas y desarrollo.

We train, coach and add value to leaders around the world in the areas of leadership, finance and development.

LIDERAZGO
LEADERSHIP
FINANZAS
FINANCES
DESARROLLO
DEVELOPMENT

Comunícate con nosotros para más información.
Contact us for more information.

980.875.8667   info.oikosusa@gmail.com

OIKOS
CARLOS A. VÉLEZ | FUNDADOR Y PRESIDENTE

SEMINARIOS, CONFERENCIAS Y WEBINARS

PARA EL DESARROLLO DE TU LIDERAZGO Y TU ORGANIZACIÓN.

FOR THE DEVELOPMENT OF YOUR LEADERSHIP AND YOUR ORGANIZATION.

SERVICIO DISPONIBLE
SERVICE AVAILABLE

Comunícate con nosotros para más información.
Contact us for more information.

📞 980.875.8667   ✉ info.oikosusa@gmail.com

OIKOS
CARLOS A. VÉLEZ | FUNDADOR Y PRESIDENTE

COACHING
PARA TI · FOR YOU

SERVICIO DISPONIBLE
SERVICE AVAILABLE

PARA EL DESARROLLO DE TU LIDERAZGO Y TU ORGANIZACIÓN.

FOR THE DEVELOPMENT OF YOUR LEADERSHIP AND YOUR ORGANIZATION.

Comunícate con nosotros para más información.
Contact us for more information.

📞 980.875.8667   ✉ info.oikosusa@gmail.com

Termina bien aun cuando hayas comenzado mal

Un llamado a la integridad en el liderazgo

¡ADQUIERE EL LIBRO Y EL DVD DE ESTUDIO YA!

Comunícate con nosotros para más información.
Contact us for more information.

📞 980.875.8667 ✉ info.oikosusa@gmail.com

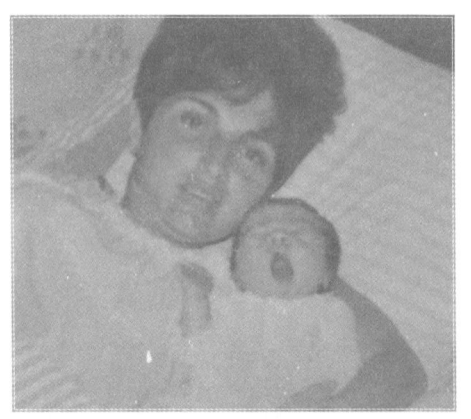

Me cuidaste,
te cuidé
y juntos aprendimos a qué hacer
cuando no sabíamos qué hacer.